LE

SERVICE MILITAIRE

DANS SES

RAPPORTS AVEC LES LOIS

SUR

LA NATIONALITÉ

THÈSE POUR LE DOCTORAT

PAR

Eugène VANDAMME

AVOCAT A LA COUR D'APPEL

PARIS

LIBRAIRIE NOUVELLE DE DROIT ET DE JURISPRUDENCE

ARTHUR ROUSSEAU

ÉDITEUR

14, RUE SOUFFLOT ET RUE TOULLIER, 13

—

1898

THÈSE

POUR LE DOCTORAT

UNIVERSITÉ DE PARIS. — FACULTÉ DE DROIT

LE

SERVICE MILITAIRE

DANS SES

RAPPORTS AVEC LES LOIS

SUR

LA NATIONALITÉ

THÈSE POUR LE DOCTORAT

L'ACTE PUBLIC SUR LES MATIÈRES CI-APRÈS

Sera soutenu le mardi 19 avril 1898 à une heure

PAR

Eugène VANDAMME

AVOCAT A LA COUR D'APPEL

Président : M. LAINÉ

Suffragants : { MM. WEISS, LESEUR, } *professeurs*

PARIS

LIBRAIRIE NOUVELLE DE DROIT ET DE JURISPRUDENCE

ARTHUR ROUSSEAU

ÉDITEUR

14, RUE SOUFFLOT ET RUE TOULLIER, 13

1898

SERVICE MILITAIRE DANS SES RAPPORTS

AVEC

LES LOIS SUR LA NATIONALITÉ

Quand la loi oblige au service militaire, et voue à la défense du pays tous ceux qui ont le droit de contribuer au gouvernement de ses destinées, elle voit dans le service militaire, conséquence de ce droit, un devoir et un honneur. Elle n'atteint pas les étrangers.

Cette conception n'est pas neuve. Elle demeura cependant longtemps sans asile dans notre droit.

A Rome, sous la République, tous les citoyens doivent le service militaire. Ils entrent seuls dans la formation des légions. Les alliés apportent leur contingent annuel; ils font partie de l'armée à titre d'*auxiliaires*; mais ils sont soigneusement distingués des troupes romaines. Sous l'Empire, à mesure que les libertés publiques disparaissent pour faire place à l'absolutisme de l'Empereur, l'obligation du service militaire s'attache de moins en moins au titre de citoyen.

Dès Auguste, cette obligation n'existe plus, en fait, pour les habitants de l'Italie.

Au Bas-Empire, elle est devenue charge de la propriété foncière et le possesseur ne s'en acquitte qu'en fournissant le nombre d'hommes fixé par la loi.

A l'époque franque, sous les Mérovingiens, le service militaire s'impose à tous les habitants du territoire, comme une charge de la personne.

Avec les Carolingiens, elle devient une charge de la propriété atteignant directement et en personne le propriétaire qui peut, d'ailleurs, s'en affranchir.

Sous la féodalité, le service militaire était la conséquence, pour les uns, de la fidélité jurée au suzerain, pour les autres, de la dépendance où ils se trouvaient vis-à-vis du seigneur.

Ces derniers, surtout, se rachetaient facilement de ces obligations.

Sous la période royale, les nobles vont à l'armée par esprit de caste, les roturiers paient la taille.

L'armée est composée d'enrôlés volontaires, Français ou étrangers, et à part les tentatives de recrutement national faites par Charles VII qui organisa les compagnies de Cent Lances et des Francs-Archers, par François Ier qui créa les légions provinciales et par Louis XIV qui institua la milice, on ne peut que constater l'absence de tout caractère national dans les armées de l'ancien régime.

La Révolution française ouvrit une ère nouvelle. L'idée de nationalité apparaît alors dans toute sa force. C'est la nation entière qui se lève à l'annonce que la Patrie est en danger.

Ce n'est plus au service du roi que l'on marche, c'est pour la défense des libertés déjà conquises ou en voie de conquête, c'est pour se défendre en tant que peuple indépendant.

La question ne se pose plus de savoir à quel maître le sort des batailles nous fera obéir, parce que la souveraineté ne réside plus dans un maître, mais dans la nation elle-même, dont tout citoyen est un fragment, et à laquelle il se doit.

Aussi, quand les premières tourmentes sont passées, on songe immédiatement à organiser, d'une façon régulière, le service militaire dû par tous les Français.

Les souvenirs de l'antiquité, les pratiques de la milice qu'on n'avait pas eu le temps d'oublier, servirent de guide aux législateurs.

Il sortit de leurs efforts la loi du 19 fructidor, an VI, dont l'article 1 est ainsi conçu :

« Tout Français est soldat et se doit à la défense de la patrie. »

Désormais, le rapport étroit entre la nationalité française et l'obligation au service militaire, se maintiendra jusqu'à nos jours.

On eut, il est vrai, jusqu'en 1830, des corps étrangers dans les troupes françaises. Les Suisses composèrent en partie la garde du corps, sous la Restauration (1).

Aujourd'hui, les étrangers peuvent entrer dans la légion étrangère qui, sans être troupe française, fait partie de l'armée, comme les différents corps indigènes que nous entretenons.

Il n'en est pas moins vrai que l'obligation de servir ne les a jamais atteints depuis la Révolution. La France s'est fait un point d'honneur de ne jamais obliger les étrangers à faire nombre dans ses armées. Cette fierté patriotique eut longtemps, comme nous le verrons, pour conséquence indirecte, de laisser les étrangers, au grand détriment des Français, dans une situation toute privilégiée.

L'exemple donné par la France a été suivi dans la plupart des autres puissances militaires d'Europe.

Citons cependant la Belgique, qui appelle non seulement le Belge, mais même, en principe du moins, l'étranger résidant chez elle (2). La loi

____

(1) Ord. du 2 août 1818, art. 65.
(2) Loi sur la milice du 3 juin 1870, art. 7.

italienne, elle aussi, tout en reconnaissant la nationalité étrangère d'un individu le considère quelquefois comme restant tenu du service militaire (1).

D'autre part, la crainte de voir les nationaux résidant à l'étranger obligés au service militaire dans le pays de leur résidence, a fait passer de nombreux traités. Les États signataires y stipulent au profit de leurs nationaux respectifs, l'exemption plus ou moins étendue de tout service militaire dans le pays auquel ils n'appartiennent pas.

La France est ainsi liée vis-à-vis d'un certain nombre de puissances, au grand profit de nos nationaux expatriés (2).

— En 1889, deux lois étaient promulguées à quelques semaines d'intervalle ; celle du 26 juin sur la nationalité, insérée dans le Code civil, celle du 15 juillet sur le recrutement de l'armée.

(1) Art. 12, C. civ.

(2) C'est surtout avec les Etats de l'Amérique du Sud que la France a tenu à signer des traités de ce genre, à cause des guerres fréquentes qui désolaient ces pays et dans lesquelles le Français était exposé à devoir prendre parti les armes à la main. V. Weiss, *La nouvelle loi sur la nationalité dans ses rapports avec le recrutement militaire*, article dans Clunet, 1890, p. 5. note 2. Cf. aussi dans Clunet 1895, p. 235 les agissements du Transvaal à l'égard des sujets anglais résidant dans le pays.

Leur élaboration avait longtemps passionné les esprits, car les réformes profondes qu'elles devaient apporter, l'une et l'autre, dans leur domaine respectif, devaient avoir sur les destinées du pays une influence décisive.

Il ne nous appartient pas d'apprécier ce qu'elle a été : bonne ou mauvaise ; ce serait pure témérité que de juger, au bout de quelques années d'existence, deux lois qui ont besoin de vieillir avant que d'accuser nettement des résultats.

Notre but est plus modeste.

On peut dire que les préoccupations de la défense nationale et de l'avenir du pays ont inspiré le législateur dans la première aussi bien que dans la seconde de ces lois.

Celle-ci, d'une part, porte inscrite à son frontispice, cette double proposition : « Tout Français est obligé, mais seul le Français est obligé au service militaire » (art. 1 et 3).

Celle-là, d'autre part, en présence d'inéluctables nécessités, ouvre toutes grandes les portes de la cité française dans laquelle tout le monde est soldat.

Les uns y entrent forcément et dès leur naissance ; d'autres n'y entrent que de leur plein gré et postérieurement : ce sont les naturalisés, et, parmi eux, ceux qui, à l'époque de leur majorité, jouissent d'un droit d'option, et peuvent prendre parti soit pour la nationalité française, soit pour leur nationalité étrangère d'origine.

Nous n'insisterons pas sur les questions souvent délicates qui se posent lorsqu'il s'agit de déterminer qui est Français. Nous supposerons ces difficultés en grande partie résolues, et, nous plaçant successivement en face de chacune des catégories que nous venons de désigner, nous nous demanderons, la loi militaire à la main, quelles sont les obligations des Français que nous y aurons rangés. Ce n'est pas que le service militaire impose des devoirs au Français de naissance, tandis qu'il en impose d'une autre nature au Français naturalisé. A durée égale, les obligations militaires sont les mêmes pour tous ceux qui sont Français, du moins, peu importe à cet égard, en vertu de quel texte ils le sont. Mais c'est précisément cette durée qui varie, nous le verrons, à raison du moment qui lui sert de point de départ. Ce moment n'est pas le même pour tous. Il dépend lui-même de l'époque à laquelle le Français est tenu de participer aux opérations préliminaires de l'appel des classes. Ces opérations comprennent avant tout l'inscription sur les tableaux de recensement. Vient ensuite la publication de ces mêmes tableaux, et plus tard encore, lors du tirage au sort ou devant le conseil de révision, l'examen en séance publique des contestations auxquelles ils peuvent donner lieu.

Tout dépend, en fin de compte, du moment fixé par la loi militaire pour l'inscription sur les tableaux de recensement.

Quel est donc ce moment ? Voilà ce à quoi se réduit l'objet de notre étude, envisagée sous un premier point de vue. Nous serons mis en présence, chemin faisant, de difficultés que tous les commentateurs signalent dans la loi du 26 juin 1889 et qui se rattachent précisément à l'étude de la loi militaire. Ce premier chapitre nous montrera l'influence que peut avoir, au point de vue du recrutement, le mode suivant lequel est acquise la nationalité française.

A un deuxième point de vue, la durée du service militaire peut varier à raison de la perte de la qualité de Français. Nous étudierons l'influence que les obligations militaires exercent sur la nationalité des Français. Ce sera la contre-partie de notre première étude.

Nous aurons ainsi une première partie donnant le *droit commun* de la législation française, en ce qui concerne l'application de la loi sur le recrutement dans ses rapports avec nos lois sur la nationalité.

Des particularités ou modifications y ont été apportées. Dans une deuxième partie, nous examinerons celles qui résultent du *régime special fait à nos colonies* soit en matière de nationalité, soit en matière de recrutement. Nous réservons celles qui font l'objet des *conventions internationales* signées par la.France, pour une troisième et dernière partie.

PREMIÈRE PARTIE

LE DROIT COMMUN

—

CHAPITRE PREMIER

LA LOI MILITAIRE ET LES DIVERSES CATÉGORIES
DE FRANÇAIS

Depuis la loi du 26 juin 1889 sur la nationalité,
modifiée par la loi du 22 juillet 1893, on peut distinguer trois catégories de Français. Les uns naissent définitivement avec cette qualité ; d'autres
l'acquièrent à l'époque de leur majorité en exer-
çant, en faveur de notre pays, le droit d'option
que nous leur reconnaissons ; d'autres, enfin, l'acquièrent avant ou après leur majorité, à un âge
quelconque.

La première catégorie est, assurément, la plus
nombreuse, puisqu'elle comprend tous les enfants
nés de Français (art. 8, 1°, C. civ.) auxquels la loi

nouvelle assimile les enfants nés en France de parents inconnus ou dont la nationalité est inconnue (art. 8, 2°, C. civ.), et les enfants nés en France, quand l'auteur dont ils devraient, aux termes de l'art. 8, 1°, C. civ., suivre *jure sanguinis* la nationalité étrangère, est lui-même né en France (1).

C'est celle aussi qui nous retiendra le moins longtemps. L'application de la loi militaire est ici sans difficulté. Suivant la règle de l'article 10 de la loi du 15 juillet 1889 sur le recrutement de l'armée (2), nos Français seront inscrits sur les tableaux de recensement de la commune où ils sont domiciliés, dans l'année qui suivra celle où ils auront eu vingt ans. L'inscription est faite par les soins des maires : c'est l'opération connue sous le nom de recensement.

En pratique, et pour apporter à ce recensement tout le soin que son importance réclame, il y est

______

(1) Depuis l'apparition du décret du 7 février 1897, il devient plus que jamais intéressant de savoir si la naissance aux colonies peut être considérée comme une naissance en France. Un article de M. Audinet nous est apporté au dernier moment dans le journal de M. Clunet. Il traite un certain nombre des questions qui se posent en présence de la différence de législation pour la métropole et les colonies en matière de nationalité. Nous y renvoyons Cf. Clunet 1898, *La nationalité aux colonies*, p. 23.

(2) Nous désignerons désormais cette loi sous le nom de loi militaire.

procédé dès les derniers mois de l'année. Les tableaux de recensement, ainsi préparés, sont publiés et affichés dans la première quinzaine de janvier.

Les instructions ministérielles prévoient le cas où le jeune homme déjà inscrit, et même ayant déjà tiré au sort en vertu de notre article, serait depuis devenu étranger. Ils prescrivent au conseil de révision de le rayer, sur la preuve qu'il fera de son changement de nationalité (1).

Le fait se présentera rarement, étant donné la solution qui triomphe aujourd'hui en jurisprudence et dans la doctrine et refuse d'admettre qu'un mineur puisse perdre la qualité de Français. On peut, cependant, parmi les Français qui nous occupent, en trouver un dont la nationalité française, tout en étant définitivement assise, peut lui échapper suivant que se produira ou ne se produira pas un fait indépendant de sa volonté. Soit, en effet, l'enfant né en France de parents inconnus. Le cas se réalise tous les jours dans l'hypothèse de l'enfant naturel qu'aucun de ses auteurs ne reconnaît. Cet enfant est Français (art. 8, 2°, C. civ.); il est inscrit sur les tableaux de recensement publiés dans l'année avant le 1er janvier de laquelle il a eu vingt ans.

(1) Instruction du ministère de la guerre du 28 mars 1890, relative aux opérations du conseil de révision pour la formation des classes, n. 42.

Alors, et avant qu'il ait atteint sa vingt-et-unième année, s'il est reconnu par son père, un étranger qui n'est pas né en France, l'enfant devient étranger *jure sanguinis* (arg. de l'art. 8, 1°, C. civ.).

A la vérité, comme il est né en France, il pourra redevenir Français à l'époque de sa majorité, soit *ipso pacto*, s'il réside en France à 21 ans (art. 8, 4°, C. civ.), soit à la suite d'une déclaration (art. 9, C. civ.). Il n'en résulte pas moins, pour l'instant, qu'il est étranger, et ne doit pas être maintenu sur les listes de recrutement, s'il en apporte la preuve.

Il n'appartient plus à notre catégorie de Français mais bien à une des deux autres dont la situation, vis-à-vis de la loi militaire, est diversement appréciée.

L'étude de cette situation, qu'à notre tour nous nous proposons de faire, nous mettra, seule, réellement aux prises avec les difficultés de notre sujet. Nous ferons une section spéciale pour chacune des deux catégories de Français, en présence desquelles nous restons.

SECTION I

Des enfants d'étrangers qui ont un droit d'option à l'époque de leur majorité.

I

LE SERVICE MILITAIRE ET LA NATIONALITÉ DES ENFANTS D'ÉTRANGERS DE 1804 A 1889, COUP D'ŒIL RÉTROSPECTIF.

Sous l'ancien régime, les préoccupations militaires n'entrent pas en ligne de compte pour la fixation de la nationalité française des fils d'étrangers. D'ailleurs, tout fils né en France d'un étranger est Français au temps de Pothier et l'on ne connaît pas encore la conscription.

Sous la période intermédiaire, la conscription est organisée par Jourdan. On dut certes avoir besoin de beaucoup de soldats pour tenir tête aux armées de l'Europe coalisée. Cependant, il ne paraît pas que la nationalité des fils d'étrangers se soit ressentie de cette nécessité.

La raison en est qu'ils continuèrent à être Français par le seul fait de leur naissance en France, selon la règle ancienne. Les seuls étrangers furent ceux qui étaient nés à l'étranger d'un étranger.

Les préoccupations militaires apparurent lors de la confection du Code civil. Le premier Consul, dans la séance du 6 thermidor an IX (25 juillet 1801), proposa au Conseil d'Etat la formule suivante à l'égard du fils né en France d'un étranger :

« Tout individu né en France est Français ». Cet individu, disait le premier Consul, a l'esprit français, les habitudes françaises ; il a l'attachement que chacun a naturellement pour le pays qui l'a vu naître. Il fallait du reste, pensait-il, n'envisager la question qu'au point de vue de l'intérêt de la France. Si l'on ne considérait pas comme étant de plein droit Français, l'individu né en France d'un père étranger, on ne pourrait soumettre cet individu à la conscription et aux autres charges publiques.

Le point de vue utilitaire auquel s'était placé Bonaparte n'était point celui des rédacteurs du Code civil. Tronchet, au Conseil d'Etat, Siméon, au Tribunat, affirmaient qu'il ne fallait pas décider la question en partant de cette idée qu'il y avait une servitude à imposer au fils d'étranger en le déclarant Français. « C'est une offre que nous leur devons faire, un bienfait que nous leur accorderons ». On s'arrêta à la rédaction qui fut celle de l'article 9 du Code civil en vigueur jusqu'en 1889.

Le Code dispose donc en dehors de toute préoccupation militaire. D'après lui, le fils né en France d'un étranger n'est pas Français de plein droit, mais il peut le devenir. Il n'a qu'une déclaration à faire dans l'année de sa majorité, s'il réside en France. En fait, le fils d'étranger ne fit pas cette déclaration, il en résulta dans nos départements voisins de la frontière un état de choses fâcheux qui, dès l'année 1831, attira l'attention des législateurs.

Voici comment se posa la question. La loi sur le recrutement du 12 mai 1818 dans son article 7 ordonnait que dans chaque canton, pour fournir le contingent assigné, il serait procédé à un tirage au sort auquel prendraient part les jeunes Français dans le cours de leur 21ᵉ année. Les fils d'étrangers qui n'étaient pas encore Français à cet âge, échappaient donc au tirage au sort. Ils devenaient Français au cours de leur 22ᵉ année, et rien dans la loi, qui n'avait pas prévu cette situation encore relativement rare en 1818, n'autorisait à les recenser après leur déclaration faite.

Le gouvernement voulut, en 1831, dans la nouvelle loi qu'il proposait sur le recrutement, combler cette lacune. « Il a paru juste », disait, le 17 août 1831, le maréchal Soult, alors ministre de la Guerre, dans l'exposé des motifs fait à la Chambre des Députés, « de soumettre aux obligations « de la loi de recrutement les jeunes gens nés en « France de parents étrangers et qui acquerraient

« la qualité de Français en vertu de l'article 9 du
« Code civil. Nul ne pourra jouir en France des
« droits inhérents à la qualité de Français, sans
« supporter sa part de la charge imposée à la
« grande famille qui l'adopte » (1).

Serait donc soumis dorénavant aux obligations
militaires le fils d'étranger qui consentirait à devenir Français. Le malheur, c'est qu'il ne recherchait
guère notre nationalité. En quoi eût-elle amélioré
sa situation juridique? Déjà, depuis 1819, la condition de l'étranger n'était plus ce qu'elle était sous le
Code civil. Elle devait aller en s'améliorant de jour
en jour, au cours de ce siècle. C'est, pour le dire
une fois pour toutes, ce qui a toujours permis aux
étrangers et à leurs descendants de se cramponner
à leur qualité d'étrangers et de la revendiquer
sans aucune hésitation, pour éviter nos charges.

La Commission vit l'inanité de la réforme proposée, au point de vue de l'égale répartition des
charges militaires. Elle proposa d'imposer notre
nationalité à ces éléments étrangers qui commen-
çaient à se multiplier au sein de la population
française. On fit, à ce propos, devant les Chambres
le tableau de la situation privilégiée où ils se
trouvaient sur notre propre sol. Soldats nulle part,
ni en France parce qu'ils ne sont pas Français, ni
dans le pays dont ils se prétendent originaires,

(1) *Moniteur* du 18 août 1831, p. 1411.

parce qu'ils se gardent bien de franchir la frontière pour y obéir à la loi militaire, ou même parce qu'ils y sont totalement inconnus, ces individus sont partout recherchés de préférence aux nationaux. Les pères de famille les recherchent pour gendres, les industriels, commerçants, agriculteurs leur donnent la surveillance de leur exploitation, parce qu'ils sont sûrs, ceux-ci de les avoir toujours sous la main, ceux-là de ne pas les voir partir au canon.

On devait faire entendre vingt fois les mêmes récriminations.

Le Parlement hésita en 1831. Ceux qui cherchaient le plus ardemment à envoyer au régiment ces fils d'étrangers, qui n'avaient — faisait-on justement remarquer déjà — d'étranger que le nom, hésitaient à les y envoyer sans leur enlever, au préalable, cette extranéité qui, à l'état de pure étiquette sans doute, leur restait cependant. C'était se départir du principe qu'on considérait comme fondamental dans nos lois de recrutement, que seuls des Français doivent être astreints à servir la France.

Comment faire, d'autre part, pour qu'ils soient Français? Il fallait toucher au Code civil, imposer à des individus une qualité qu'ils n'enviaient nullement. Cette extrémité répugnait profondément ux théoriciens d'alors. On ne sut pas arrêter une combinaison pratique. Les amendements, trop nombreux, sombrèrent tous. La loi fut votée telle que la demandait le Gouvernement.

La voie dans laquelle il eût fallu entrer était cependant celle qu'avait indiquée la Commission de la Chambre des Députés. Le problème véritable qui se posait n'avait pas reçu sa solution, il devait se poser, de plus en plus menaçant, jusqu'à ce qu'elle lui fût donnée.

En 1851, la population étrangère s'est accrue dans des proportions très sensibles. Les salaires élevés offerts par l'industrie française qui s'est énormément développée en sont la grande cause. La loi du 7 février 1851 fait le premier pas qu'on n'avait pas voulu faire vingt ans auparavant.

Mais combien timide ! Le fils d'étranger ne sera Français par sa naissance en France que si son père est lui-même né en France. Bien plus, comme il ne faut pas *imposer* la qualité de Français, on lui laisse le droit de la répudier à 21 ans.

L'effort, sans doute, était louable ; mais il s'arrêtait à mi-chemin.

Il ne fit pas disparaître le mal parce qu'il ne voulut pas l'extirper dans sa racine. On laissait aux fils d'étrangers, en définitive, le choix de leur nationalité. Or, invariablement, ils se prononçaient pour la nationalité étrangère, quand le

service militaire était à craindre comme conséquence de leur option pour la France.

Ceux que l'article 9 du Code civil continuait à
régir n'avaient pour cela qu'à garder le silence
au cours de leur 22e année, ceux qui, au contraire, pouvaient répudier, conformément à la loi
de 1851, s'empressaient de le faire. S'ils avaient
toutefois la certitude, soit d'être exemptés, soit
d'être dispensés par le conseil de révision, ils
acceptaient la qualité de Français. Mais alors,
c'était au grand détriment des fils de Français. Le
chiffre du contingent, dans nos départements du
Nord et de l'Est où la population était en grande
partie composée d'étrangers, devenait plus élevé à
raison de ces manchots, de ces perclus qui faisaient nombre. Le quantum à incorporer était pro-
portionnel à ce chiffre ; et comme nos fils d'étrangers ne partaient pas, c'étaient des fils de Français qui prenaient leur place et partaient à cause
d'eux.

Cet aspect particulier de la question n'était pas
nouveau. On l'avait pressenti en 1831 déjà ; il ne
fit que gagner en importance à mesure que s'ac-
crut l'effectif des contingents annuels.

Au Sénat et au Corps législatif, ces abus ne cessèrent d'être signalés.

Le chiffre de la population étrangère allait crois-
sant. Dans le seul département du Nord, le recen-

sement de 1866 accusait sur une population de 1.390.380 habitants, le chiffre de 183.082 étrangers. Ils formaient par conséquent plus du dixième de la population totale. De 1861 à 1865, dans ce même département encore, les fils d'étrangers qui avaient échappé au recrutement étaient au nombre de 3.509. M. des Rotours qui citait ces chiffres (1) se mit en campagne. Dans la séance du 16 juillet 1867, quelques mois après, le 30 décembre (2), en 1868, en 1869, en 1872 (3), à l'occasion du vote soit des lois générales sur le recrument de 1868 et 1872, soit des lois annuelles portant fixation du contingent, le député du Nord soutenu par quelques-uns de ses collègues ne cessa de demander une réforme. Les esprits étaient convaincus de la nécessité de faire quelque chose. Le Ministre de la guerre, dès le 30 décembre 1867, pensait qu'on aurait pu sans inconvénient enlever de la loi de 1851 la faculté de répudiation.

M. Cauwès écrivait une brochure dans laquelle il proposait de retarder jusqu'après leur vingt-

---

(1) *Moniteur* du 17 juillet 1867. Corps législatif, séance du 16 juillet.

(2) *Moniteur* du 31 décembre 1867.

(3) *Moniteur* du 25 septembre 1868 ; du 21 et 23 mars 1869. *J. Off.* 1872, p. 5.104. Cf. aussi *Moniteur* du 13 décembre 1867. Sénat, séance du 12 décembre.

deuxième année l'inscription des individus qui peuvent répudier (1).

L'Assemblée nationale finit par accepter un amendement de M. des Rotours, qui, converti en proposition de loi, devint, après avoir subi quelques remaniements, la loi du 16 décembre 1874 (2).

Le fils d'étranger né en France comme son père, ne peut désormais répudier que s'il prouve par une attestation de son gouvernement, avoir conservé sa nationalité d'origine.

On n'allait donc pas jusqu'à méconnaître chez le fils d'étranger sa nationalité étrangère d'origine lorsqu'elle existait encore. On ne faisait pas de cet individu un Français malgré lui. Le rapporteur, M. Albert Desjardins, s'en défendait en ces termes :

« On peut diviser en deux grandes classes les « étrangers établis en France. Les uns ont encore « une patrie, les autres n'en ont plus.

« Nous n'avons pas le droit de contraindre les « premiers à changer de nationalité. Si nous pre- « nions ce droit qui ne nous appartient pas, les « puissances auraient un juste motif de réclamer : « elles pourraient intervenir pour garder et proté- « ger leurs sujets.

(1) Cauwès. *De la condition faite par la loi de recrutement aux enfants nés en France de parents étrangers.* Nancy. 1869.

(2) V. J. *Off.* 1872. p. 5.104 et suiv , séance du 25 juillet 1872.

« Il en est tout autrement des seconds. Peuvent-
« ils émettre la singulière prétention de vivre dans
« la société humaine sans être soumis à ses lois ?
« Une fois qu'ils ont rompu leurs liens avec le
« pays d'où est sortie leur famille, ce n'est pas
« faire violence à leur volonté que de les regarder
« comme devenant les membres de la nation au
« sein de laquelle ils sont fixés. On ne les astreint
« pas à changer de nationalité ; on constate qu'ils
« en ont abandonné une, qu'ils ont fait tout ce qui
« était nécessaire pour en acquérir une autre, et
« on ne leur refuse que le droit exorbitant de re-
« venir sur la volonté qu'ils ont manifestée par
« tous leurs actes, au moment où ils ont une obli-
« gation à remplir » (1).

Nous arrivons à la loi du 26 juin 1889.

Deux faits sociaux ont pesé sur la volonté du législateur : l'affluence croissante des étrangers en
France, la faiblesse, de plus en plus accentuée,
de la natalité française. Les publicistes et les
hommes politiques furent unanimes à constater le
danger.

Ils n'étaient plus, les temps où on pouvait, plein
de confiance, s'écrier à la tribune du Parlement
que la France ne manquerait jamais d'hommes

(1) Rapport de M. Desjardins au *J. Off.* 1874, p. 75, annexe n° 2,
122.

pour ses armées (1). La nécessité qui s'impose aujourd'hui de mettre en ligne le plus possible de soldats, fut souvent rappelée dans la presse. Quel avenir serait fait à notre pays, dont les ressources en hommes allaient, dans un temps donné, être inférieures à celles de ses voisins ?

Puisqu'on ne fait plus d'enfants en France, disait un publiciste de grande autorité, adoptons-en. Il y en a de tout faits sur notre sol : ce sont les fils qui naissent de cette population étrangère, en majeure partie si prolifique. Changez vos lois sur la nationalité, faites d'eux des Français (2).

Le conseil fut suivi (3).

La loi du 26 juin 1889 entra résolument dans la voie des réformes, si résolument que quelques-uns l'en ont blâmée.

En dehors des individus irrévocablement Français de naissance, dont elle a augmenté le nombre, la loi du 26 juin 1889 offre la qualité de Français à deux classes bien distinctes de fils d'étrangers. C'est leur naissance en France, c'est la naturalisation ou encore la réintégration de leur père qui les désigne à son attention.

(1) Chambre des députés, séance du 28 octobre 1831, *Monit.* du 29, p. 1896, col. du milieu.

Cf. le discours de M. Jules Brame, député de Lille, séance du 30 décembre 1867, au *Moniteur loc. cit.*

(2) Paul Leroy-Beaulieu, article dans Clunet, 1888, p. 178.

(3) V. Cohendy, article dans le *Droit* du 27 octobre 1889.

A ceux que nous rangeons dans une première classe, elle donne la qualité de Français, de plein droit, mais avec la faculté de répudiation ; à ceux que nous rangeons dans une autre, elle permet d'acquérir notre nationalité dans des conditions relativement faciles : à eux de faire les démarches nécessaires, la patrie française ne vient pas les chercher elle-même.

Les uns et les autres ont donc un droit d'option.

A quel moment, s'ils restent ou deviennent Français, sont-ils inscrits sur les tableaux de recensement ?

La solution de cette question suppose avant tout la connaissance de l'esprit général de notre loi militaire relativement aux fils d'étrangers. Ce n'est qu'après cette étude — assez longue — que nous pourrons utilement aborder l'examen des difficultés particulières à quelques hypothèses.

II

L'ARTICLE 11 DE LA LOI MILITAIRE, SON HISTOIRE, SES TENDANCES.

De la lecture de l'article 11 de la loi militaire, on conclut immédiatement qu'il s'occupe :

1°) Dans l'alinéa premier, des fils d'étrangers

nés en France comme leurs parents. Il les suppose Français sauf répudiation à 21 ans ;

2°) Dans l'alinéa deuxième, des fils d'étrangers nés en France et y résidant. Il dispose comme s'ils devaient, pour devenir Français, faire la déclaration de l'article 9 du Code civil ;

3°) Dans le troisième alinéa, des fils encore mineurs au moment où leur père a été naturalisé ou réintégré Français. Il suppose également qu'ils doivent, pour être Français, passer la déclaration de l'article 9 du Code civil, et que, d'ailleurs, ils résident en France.

Sur ces trois points, la loi militaire est en contradiction avec la loi du 26 juin 1889.

L'étude de cette dernière loi conduit, en effet, aux conclusions suivantes :

1°) La loi du 16 décembre 1874 est abolie (article 6, loi du 26 juin 1889) et les individus dont il y était question à l'article 1, sont aujourd'hui régis par l'article 8, 3° du Code civil modifié, lequel dispose que les individus nés en France de parents étrangers sont Français de plein droit, sans qu'ils puissent, d'ailleurs, répudier cette qualité à 21 ans (1).

2°) Les individus nés en France et y résidant, ne

____

(1) Nous faisons, pour le moment, abstraction de la loi du 22 juillet 1893.

sont pas toujours des étrangers qui doivent, pour devenir Français, passer les déclarations de l'article 9 du Code civil.

Ceux qui, déjà, résidaient en France au moment où ils atteignaient leur majorité sont, au contraire, Français de plein droit, mais ils ont le droit de réclamer leur extranéité en faisant certaines preuves déterminées par l'article 8, 4° du Code civil modifié.

Les autres, qui à 21 ans, résidaient à l'étranger, peuvent devenir Français en faisant une déclaration, laquelle, moyennant certaines conditions, peut être passée jusqu'à 23 ans révolus, conformément à l'article 9 du Code civil.

3°) Les fils de l'étranger naturalisé ou de l'ex-Français réintégré, qui, lors de cette naturalisation ou réintégration, étaient encore mineurs, sont Français dès ce moment et de plein droit (1). Ils peuvent, d'ailleurs, dès qu'ils ont atteint leur majorité, et jusqu'au jour où ils ont 22 ans accomplis, répudier cette qualité, en faisant les preuves exigées par l'article 8, 4° du Code civil.

Ils n'ont donc pas besoin, pour devenir Français, de passer une déclaration et de résider en France.

Comment expliquer ces contradictions entre la

____

(1) Sauf au cas de réintégration prévu par l'article 19 C. civ. que nous réservons. V. *infra*.

loi sur la nationalité du 26 juin 1889 et la loi militaire qui est du 15 juillet de la même année?

Nous ne pouvons mieux faire que de reproduire ici ce que dit, à ce propos, M. Weiss (1).

« L'antinomie réelle qui apparaît entre la loi sur
« le recrutement et la loi concernant la nationa-
« lité s'explique à merveille par les circonstances
« dans lesquelles l'une et l'autre ont été promul-
« guées, à la fin de la dernière législature. Ces
« deux lois, dont le Parlement avait été saisi à une
« époque déjà éloignée et dont l'opinion publique
« réclamait avec instance la mise en vigueur trop
« longtemps différée, avaient cheminé par des
« voies parallèles, allant du Sénat à la Chambre des
« députés, revenant de la Chambre au Sénat, et
« subissant, au cours de ce va et vient législatif,
« des modifications sans nombre. L'article 11 de
« la loi militaire avait déjà reçu sa forme définitive,
« lorsque la loi sur la nationalité, que l'on pouvait
« croire ajournée à une session ultérieure, triompha
« des dernières hésitations et fut votée dans sa te-
« neur actuelle ; c'est donc par une inadvertance
« singulière, mais chronologiquement explicable,
« que des dispositions, qui avaient perdu toute
« force légale à partir du 26 juin, se trouvent en-
« core rappelées et visées dans un texte du 15 juillet.

(1) Weiss., *loc. cit.* p. 17.

« Cette inadvertance, une révision qu'un avenir
« très prochain ne peut manquer de réaliser,
« en fera disparaître la trace, en rétablissant
« l'harmonie entre les deux lois récemment vo-
« tées. »

En attendant, quel compte tenir, en général, de
l'article 11 de la loi militaire? C'est ici qu'éclatent
chez les commentateurs des divergences regrettables.

Un auteur ne se soucie pas de résoudre le problème. Il règle les obligations militaires des fils
d'étrangers comme si l'article 11 n'existait pas (1),
se refusant à admettre que le législateur ait eu
l'intention, à quelques semaines d'intervalle, de
détruire d'une main ce qu'il avait si péniblement
édifié de l'autre.

Le procédé est expéditif. Sous prétexte de respecter l'intention du législateur, il ne fait cependant
que la méconnaître.

D'autres auteurs décident également que la loi
militaire n'a pas pu, en ce qui concerne la nationalité des fils d'étrangers, revenir au régime antérieur à la loi du 26 juin 1889. Mais ils prétendent
eux aussi respecter l'intention du législateur; et
ils estiment que la seule manière de le faire est de

____

(1) Cogordan, *La nationalité au point de vue des rapports inter-*
nationaux, 2ᵉ édit., p. 94, note 1.

ne pas violer ouvertement la lettre de la loi, laquelle est formelle.

Ils décident, par exemple, que les fils nés en France d'un étranger qui lui-même y est né, ne seront portés sur les tableaux de recensement que dans l'année qui suit leur majorité. Cette conclusion, en particulier, paraît inexplicable aux uns : mais c'est la loi, ils s'y résignent (1); elle se justifie pleinement pour d'autres qui tentent une explication (2).

Généralisée, cette théorie est celle-ci : l'article 11 n'apporte aucun changement à la nationalité des individus qu'il vise, mais il faut suivre à la lettre, en ce qui concerne le moment où ils doivent être inscrits sur les tableaux de recensement, les solutions qu'il donne (3). On le voit, si tout le monde est d'accord pour dire ce que le législateur a voulu *ne pas faire* en écrivant l'article 11, en revanche, on ne s'entend guère quand il s'agit de préciser ce *qu'il a voulu faire*. En écrivant l'article en question, le législateur a eu évidemment un but. Pour le découvrir tout entier, il faut parcourir les différentes étapes par lesquelles

---

(1) D. Mérillon, *La loi militaire sur le recrutement de l'armée*, p. 126 et 127.

(2) Roussel, *La nouvelle législation du recrutement de l'armée*, n° 196.

(3) Cf. Roussel, *loc. cit.*, n°s 196, 203, 206.

a passé l'élaboration simultanée de nos deux lois et surtout prêter une oreille attentive aux discussions que souleva l'article 11 de la loi militaire, soit à la Chambre, soit au Sénat.

Le 7 novembre 1887, M. Antonin Dubost déposait à la Chambre son rapport sur le projet de loi sur la nationalité. Des modifications sensibles étaient apportées au texte voté par le Sénat depuis le 11 février précédent. Quelques mois après, le 27 avril 1888, le Sénat était appelé à voter l'article 11 de la loi militaire.

La discussion fut laborieuse. Elle dura trois jours, les 27, 30 avril, et 17 mai (1), pendant lesquels le texte fut par deux fois renvoyé à la Commission. Elle fut confuse aussi. On échangea des observations d'une valeur juridique quelquefois très contestable, mais qui montrent quelles préoccupations agitaient le Sénat. Manifestement les membres de la haute assemblée se rendaient compte de l'impossibilité, à raison des différents traités passés avec les puissances étrangères, de lier les fils d'étrangers au service militaire, tant qu'ils n'étaient pas définitivement Français.

D'un autre côté, les nécessités absolues de la pratique ne leur échappaient pas. Elles leur fai-

---

(1) *J. Off.* 1887, Sénat, *Débats parlementaires*, p. 623 et s. ; p. 648 et s. ; p. 661 et s.

saient un devoir de forcer ces mêmes individus, lorsqu'ils résidaient en France, à servir sous les drapeaux. Il fallait même retarder le moins possible la date de leur inscription sur les tableaux de recensement.

L'obligation de statuer à cet égard, en ne tenant compte que de la législation actuellement existante s'imposait enfin. Le Sénat ne pouvait tenir compte du projet de loi sur la nationalité qui serait voté, on ne savait quand, ni dans quelle teneur définitive.

Il ne pouvait, par ailleurs, dans cette loi sur le recrutement, décider des questions de nationalité qu'il avait déjà réglées dans le projet soumis à la Chambre.

Comment faire ? On fit remarquer qu'une loi sur le recrutement peut très bien abréger le délai dont jouissent les fils d'étrangers pour disposer de leur nationalité ; que, par conséquent, ce qu'il y avait de plus pratique, était de les mettre en demeure de se prononcer le plus tôt possible, dès la formation de la classe qui suit l'époque de leur majorité. De cette façon leurs charges militaires s'égaliseraient davantage avec celles du Français d'origine. Par là, et dans une certaine mesure, on forçait aussi ces individus à user du bienfait de la loi (art. 9, C. civ.), ce qu'ils ne se souciaient guère de faire jusqu'alors.

Bref, l'article 11 était voté avec le texte nouveau proposé par la Commission et qui devait lui rester (1).

Ce n'est pas qu'il ne fut plus jamais discuté. Quand il revint devant la Chambre, au contraire, le 18 octobre 1888, la Commission ne voulait pas de cette restriction de délai. Elle proposait un texte qui montre bien ses intentions à cet égard (2). Le motif qu'elle donna de ses préférences fut que la rédaction donnée par le Sénat à l'article 11 *modifiait,* dans une loi de recrutement, *la législation en vigueur sur la nationalité.*

Ce prétexte est à retenir. Il est l'indice certain, selon nous, que dans la pensée de la Commission, le fils d'étranger forcé à se prononcer avant la fin du délai qui lui avait été donné jusqu'alors, prenait un parti définitif dans tous les cas et quel que fût ce parti.

Un amendement de M. des Rotours et plusieurs de ses collègues du Nord proposait de retenir la rédaction du Sénat.

La discussion aboutit au renvoi à la Commission, qui, dans la séance du 20 décembre 1888 (3), acceptait l'amendement.

---

(1) V. *J. Off.* 1888, Sénat. *Debats*, p. 661.
(2) *J. Off.* 1888. Chambre, *Débats*, p. 3017.
(3) *J. Off.* 1888. Chambre, *Débats*, p. 3028.

Le texte du Sénat, d'après M. des Rotours, avait l'avantage d'ordonner l'inscription sur les listes de recensement de tous les fils d'étrangers *résidant en France*. Par là, ils seraient forcés de prendre nettement la qualité d'étrangers, s'ils voulaient échapper au service militaire.

S'ils ne la revendiquaient pas, ils partiraient avec la première classe formée après leur majorité, au lieu de ne partir qu'après leur déclaration faite à la veille de leur vingt-deuxième année. Ce ne serait plus qu'une année qu'ils gagneraient sur les fils de Français.

Une autre idée que nous signalions déjà tout à l'heure, reparaît. Elle n'est pas formellement accusée, mais on la pressent, aux paroles de M. Guyot-Dessaigne, répétant dans la séance du 18 décembre 1888 que les *réformes* proposées par le texte du Sénat doivent être introduites par une loi sur la nationalité et non par une loi sur le recrutement.

On finit par accepter cet article 11 en présence de l'abus évident qu'il tendait à écarter, mais sur la remarque formellement faite qu'il n'était que provisoire, en tant qu'il pourrait être contraire aux lois sur la nationalité.

M. Guyot-Dessaigne annonçait que la loi attendue sur cette matière, allait plus loin que le texte qu'on voulait insérer dans la loi militaire.

Dans la crainte que celle-ci ne puisse plus tard être invoquée pour restreindre l'effet de celle-là, on inséra dans l'article 92 un alinéa 2 ainsi conçu (1) :

« Les dispositions de l'article 11 cesseront d'être en vigueur dès la promulgation d'une nouvelle loi sur la nationalité. »

A quelque temps de là, la Chambre qui, le 7 février 1889, avait voté en première lecture et sans discussion la loi sur la nationalité, la revoyait en deuxième lecture (16 mars). M. Maxime Lecomte félicita la Commission d'avoir limité la faculté d'option aux seuls fils d'étrangers nés en France de parents qui n'y sont pas nés. L'option pour la nationalité étrangère est trop avantageuse, disait-il, pour les fils d'étrangers qui peuvent par là échapper au service militaire. Il faut, de toute nécessité, en restreindre la faculté.

Ce fut ensuite M. des Rotours qui, soucieux de voir les fils d'étrangers supporter les charges comme ils partagent les avantages de notre nationalité, demanda ce qu'il adviendrait de l'article 11 de la loi militaire, voté quelques semaines auparavant. On lui répondit que cet article était conservé au moins quant *à son esprit*. Cet esprit, ne l'oublions pas, est de forcer, le plus vite possible,

____

(1) J. *Off*. 1889, Chambre, *Débats*, p. 132.

ces individus fils d'étrangers, au service militaire (1).

Cette idée déjà affirmée à plusieurs reprises soit devant la Chambre, soit devant le Sénat, est de nouveau proclamée par M. Delsol. La loi militaire était revenue devant le Sénat. A la séance du 16 mai 1889 (2), on faisait remarquer que la Chambre avait voté un projet de loi sur la nationalité, portant dans son article 8, 3° que le fils d'étranger, né en France de parents qui y sont eux-mêmes nés, était Français sans répudiation ; — que, ce principe paraissant d'ores et déjà devoir être retenu par le Sénat, il serait bon de réserver l'article 11 jusqu'après la promulgation de la loi sur la nationalité, à moins de le rédiger en tenant compte de l'article 8, 3° C. civ., voté par la Chambre. On ne voulait pas de contradiction entre les deux lois.

Remarquons que ni M. Garrisson, ni M. Griffe, qui connaissaient apparemment les articles 8 § 4 et 9 du Code civil projetés, donnant au fils d'étranger un certain délai pour répudier ou au contraire acquérir la qualité de Français par déclaration, ne reprochèrent à l'article 11 § 2 de la loi militaire de contredire ces deux textes. Il

---

(1) Le discours de M. des Rotours et la réponse du rapporteur sont à lire en entier. *J. Off.* du 17 mars 1889, p. 595, colonne 2.

(2) *J. Off.* 1889. Sénat, *Débats*, p. 484.

abrégeait cependant le délai qu'ils accordaient.

Il y a plus. M. Delsol, — qui fut plus tard, on le sait, le rapporteur au Sénat du projet de loi sur la nationalité — prétendait, lui aussi, qu'il ne fallait pas que la loi militaire pût être en contradiction avec la loi sur la nationalité. En ce qui concerne l'alinéa 2 de l'article 11 qu'on discutait, partant de cette idée que la loi sur la nationalité laissait un droit d'option aux enfants nés en France de parents étrangers nés à l'étranger, il proposait de les inscrire avec la classe dont la formation suit leur majorité. Il visait les enfants régis par l'article 9 aussi bien que ceux régis par l'article 8, 4°, du moment que dans les deux hypothèses, *ils résidaient en France* (1). Seulement, la preuve qu'ils devaient faire pour être rayés, était celle de leur qualité d'étranger. Cette preuve variait dans la loi militaire comme elle variait dans le projet de loi sur la nationalité, suivant que les réclamants étaient ou non atteints par l'article 8, 4° du projet.

Il convenait lui aussi qu'il fallait arriver à trouver un texte « qui étendît l'application de la loi « militaire à ces fils d'étrangers qui jusqu'ici ont « pu trop facilement s'y soustraire en excipant de « leur extranéité ». En faisant cette proposition,

____

(1) *J. Off.* Sénat *Débats*, 1889, p. 501 colonne 1 *in fine*.

il n'ignorait pas qu'il abrégeait le délai laissé à l'option par les lois civiles.

L'amendement, sans doute, fut retiré par son auteur, mais ce fut parce qu'il admettait, après entente avec la commission, qu'il était préférable, à tout prendre, de ne pas tabler sur une loi encore à l'état de projet, et de rédiger au contraire l'article 11, en ne s'inspirant que de la législation existante. Il fut bien entendu que la rédaction de l'article 11 telle qu'il l'admettait en fin de compte, ne devait en rien préjuger de la loi future sur la nationalité. Le Sénat maintint donc à l'article 11 la rédaction qu'il lui avait déjà donnée. Quant à l'alinéa 2 de l'article 92, la Commission l'avait supprimé par la raison, dit M. le général Deffis dans son rapport (1) « qu'il appartiendra à la loi sur la nationalité d'abroger les dispositions de la loi sur le recrutement qui lui seraient contraires ». Le Sénat adopta sans discussion. On était au 29 mai 1889. Le 6 juin, il votait sans discussion le texte de la loi sur la nationalité que lui proposait sa Commission. Ce projet dont l'urgence avait été déclarée fut accepté par la Chambre au pied levé le 19 juin suivant.

Cependant, à la séance du 4 juillet 1889, M. Thiers déposait sur le bureau de la Chambre son rapport

(1) J. Off. Sénat. Documents, sess, ord. de 1889 annexe, n° 85, p. 145.

sur le projet de loi sur le recrutement. L'article 92 était modifié, mais cette modification apparut aux yeux de la Commission comme étant sans importance et toute de forme. On était pressé d'en finir avec « la loi de trois ans » que beaucoup voulaient apporter aux électeurs.

La Commission proposa à la Chambre d'accepter la rédaction du Sénat. C'était le seul moyen d'aboutir. On risquait, en agissant autrement, de ne pas voir la loi achevée avant la fin de la législature. Voilà pourquoi aussi on ne voulut pas relever la contradiction de l'article 11 avec la loi sur la nationalité.

De tout ce qui précède se dégagent ces deux propositions incontestables à nos yeux : la loi militaire n'a pas entendu contredire dans l'article 11 les règles admises par la loi sur la nationalité en ce qui touche les fils d'étrangers (1) ; elle a voulu qu'ils fussent soldats le plus tôt possible dans toutes les hypothèses, à part de rares exceptions où, ayant le droit d'opter, ils résideraient en même temps en France.

Nous concluons encore qu'il faut, tout en tenant compte de la situation nouvelle dans laquelle la loi du 26 juin 1889 place les fils d'étrangers vis-à-vis de la nationalité française, recueillir les indi-

____

(1) V. Rennes, 28 avril 1893, Clunet, 1893, p. 1186.

cations que la loi du recrutement nous donne pour fixer l'époque à laquelle il convient de les inscrire sur les tableaux de recensement.

Les lois sur la nationalité déterminent ceux qui sont Français. Elles disposent nécessairement d'une manière générale et notamment sans s'inquiéter du sexe.

La loi sur le recrutement ne saisit que les Français du sexe masculin. On comprend très bien qu'elle en fasse des conscrits en s'inspirant d'idées spéciales et particulières dont la loi sur la nationalité n'avait pas à tenir compte, notamment en s'inspirant de cette idée qu'il faut autant que possible égaliser le fardeau des charges militaires entre tous ceux qui sont Français, voudront l'être, ou le rester.

Qu'elle les mette en demeure de se prononcer, dans le but de ruiner des calculs dont la fréquence lui était démontrée, et qui consistaient à ne devenir Français qu'au dernier moment pour échapper le plus possible à l'impôt du sang ? On le conçoit.

Pour nous donc, l'article 11 alinéa 1 s'appliquera encore aux individus nés en France comme leurs auteurs et Français sauf faculté de répudiation.

Nous avons admis, par contre, que le fils né en France d'un père étranger qui lui-même y est né, devait être inscrit à 20 ans, en vertu de l'article 10, loi militaire. L'article 11 ne s'applique plus à lui puisque dès sa naissance, cet individu est Français sans faculté de répudiation (1).

Les alinéas 2 et 3, au contraire, régleront la situation militaire des autres Français sauf répudiation, ainsi que de ceux qui peuvent devenir Français moyennant une déclaration.

III

DES FRANÇAIS QUI PEUVENT RÉPUDIER A 21 ANS.

A. — *Individus qui* naissent *Français.*

Nous rangeons ici le cas unique de l'enfant né en France de parents étrangers, quand c'est la mère, ou plus généralement, quand c'est l'auteur dont *jure sanguinis* il ne prendrait pas la nationalité, qui est lui-même né en France (art. 8, 3° du Code civil).

La faculté de répudiation laissée à cet enfant ne date que de la loi du 22 juillet 1893. Le législateur s'occupait des modifications à la loi de 1889 que la pratique avait indiquées comme s'imposant impérieusement, quand le gouvernement, ému des difficultés que suscitait l'interprétation de l'ar-

______

(1) Cf. Weiss, *Traité théorique et pratique de droit international privé*, tome I, p. 207, et les auteurs cités à la note.

Add. : Rouard de Card *La Nationalité française* p. 79.

ticle 8, 3°, déposa à la Chambre un projet de loi qui fit corps désormais avec le premier modifiant l'article 9.

La Cour de cassation, le 7 décembre 1891, avait rendu un arrêt en Chambre des requêtes qui suscita des réclamations énergiques de la part des puissances étrangères, en même temps qu'il jetait le trouble dans la jurisprudence suivie jusque-là.

Un sieur Hess était né à Paris en 1857 d'un père étranger né à l'étranger et d'une mère Française avant son mariage, née en France. Il avait fait son service militaire en France, et avait même obtenu un brevet de sous-lieutenant dans l'armée territoriale en 1885, quand cinq ans plus tard, le Ministre de la guerre l'avisait d'avoir à se faire naturaliser Français s'il voulait conserver son grade, attendu qu'il était étranger.

Le tribunal de la Seine par jugement du 7 février 1891 (1) et la Cour de Paris par arrêt du 2 juin 1891 (2), reconnurent à l'encontre du Ministre de la guerre, la qualité de Français du demandeur, faisant droit à ses conclusions additionnelles par lesquelles il soutenait que sa mère et lui étant nés en France, il devait être déclaré Français, en vertu des lois de 1851 et 1874.

---

(1) *Le Droit* des 23-24 février.
(2) *Rev. pratique de droit internat. privé*, 1890 91, 1, 328.

La Chambre des requêtes rejeta le pourvoi du Ministre de la guerre.

La doctrine (1), en général, avait toujours affirmé cette théorie, mais jusque-là elle avait été seule. La jurisprudence et la pratique de la Chancellerie s'en tenaient obstinément à la théorie contraire, exigeant pour l'application des lois de 1851 et 1874 et même de 1889 que le *père* fût né en France.

La doctrine accueillit cet arrêt comme emportant la seule interprétation juridique que comportait les mots *étranger* né en France (2).

Elle fut suivie par certains tribunaux qui transportèrent dans l'interprétation de l'article 8, 3° C. civ. modifié la théorie de la Chambre des requêtes.

La théorie nouvelle, tout l'annonçait, triompherait certainement, aussi bien dans l'interprétation des lois de 1851 et 1874 que dans celle de la loi de 1889 (3). Les conséquences d'un pareil revirement étaient considérables. Les enfants nés en France d'un père étranger et d'une mère étrangère, par

(1) V. Cauwès, *op. cit.*, p. 7 note, p. 9 note 2 et p. 14.

(2) V. dans Clunet, 1892, p. 78, un article de MM. Le Sueur et Dreyfus ; — *ibid.*, p. 223 le rapport de M. le conseiller Feraud-Giraud.

(3) V. Rennes, 28 avril 1893, Clunet, 1893, p. 1186 ; tribunal de Vannes du 1ᵉʳ décembre 1892, dans Clunet 1893, p. 508 ; tribunal de Nice, 6 janvier 1893, Clunet, 1893, p. 571.

son mariage ou même par son origine, mais née
en France, s'étaient crus jusqu'ici hors des at-
teintes des lois de 1851 et 1874. Ceux qui avaient
même, par précaution, prétendu répudier la nationalité française, s'étaient vu éconduire, sous le
prétexte que leur déclaration n'avait aucun sens,
la loi ne les considérant pas comme Français.

Et voilà qu'aujourd'hui, ils étaient exposés à se
voir déclarer Français par les tribunaux, s'il plai-
sait à l'administration de les y déférer !

Ayant passé comme étrangers aux yeux de l'administration, ils n'avaient pas figuré sur les tableaux de recensement, ils étaient donc des omis.
Comme tels, ils étaient susceptibles, s'ils n'avaient
pas quarante-cinq ans, de devoir passer trois ans
au régiment (1). Ce changement de jurisprudence
se compliquait encore, pour beaucoup d'étrangers
habitant nos départements du Nord, d'un changement antérieur, sur un autre point. La jurisprudence avait paru admettre que les changements
de souveraineté sur un territoire étaient rétroac-
tifs, que, par conséquent, les départements dé-
membrés en 1814 devaient être considérés comme

(1) Lettre du ministre de la guerre au préfet de la Seine en
date du 28 mars 1892, citée dans l'Esprit « Situation des étrangers en France au point de vue du recrutement » 2ᵉ édit.
page 128 ; — Cf. circul. ministérielle du 8 décembre 1892.

n'ayant jamais appartenu à la France (1). En 1883, dans une affaire Gillebert (2), la Cour de cassation, décida que les individus nés dans ces départements pendant leur réunion à la France, devaient être considérés comme nés en France. Les lois de 1851 et 1874 avaient donc reçu ainsi une première extension. Se combinant avec elle, l'extension nouvelle faisait donc une situation des plus déplorables à des individus qui très légitimement jusquelà avaient pu se dire étrangers et se comporter comme tels.

Une situation semblable devait se dénouer par voie législative.

Reconnaissant avec l'opinion publique, à peu près unanime, que le système autorisé par la loi du 26 juin 1889 était exagéré, le législateur décida que pour l'avenir, les fils d'étranger auraient, dans notre hypothèse, le droit de répudier notre nationalité, le jour où ils auraient atteint leurs 21 ans.

Quant au passé, obéissant aux injonctions de la plus stricte équité, il décida, et c'est l'objet de l'article 2 de la loi de 1893, que les individus majeurs au moment de sa promulgation auraient pendant une année le même droit de répudiation.

(1) Paris, 29 juillet 1872. D. 72, 2, 233.
(2) D. 1884, 1, 209.

Il ne distinguait pas entre ceux qui étaient devenus majeurs avant, et ceux qui l'étaient devenus après 1889 (1).

Une circulaire du ministre de la guerre parue le 12 août 1893 (2) donnait les instructions nécessaires à l'application de la nouvelle loi.

Parmi les mesures prescrites, les unes, d'un caractère transitoire comme l'article 2 de la loi à l'application duquel elles se rapportent, sont aujourd'hui sans intérêt, les autres, prévoyant dans l'avenir la situation qui sera faite aux fils d'étrangers de notre hypothèse, prescrivent, quant à leur inscription sur les listes de recensement, de leur faire application de l'alinéa 1er de l'article 11.

Nous déciderons avec l'administration militaire, qu'ils ne seront inscrits sur les tableaux de recensement qu'à une époque qui suivra le jour où ils auront atteint 21 ans. Nous préciserons davantage dans un instant.

Ainsi appelés un an plus tard que les autres jeunes Français de leur âge, ils seront cependant libérés du service actif, puis passeront dans la réserve et dans l'armée territoriale en même temps qu'eux. L'article 12 alinéa 2 de la loi militaire,

----

(1) Le sens de cet article 2 a échappé au gouvernement suisse. Cf. Clunet, 1893, p. 1006.

(2) *Bulletin Off.* du ministère de la guerre 1893, p. régl. p. 41.

que nous rencontrons ici pour la première fois,
est d'une application générale, comme le comportent ses termes. Disons-le, une fois pour toutes :
il y aura lieu de l'appliquer chaque fois qu'en
vertu de la loi un individu n'est appelé qu'à 21 ans
ou même plus tard (1).

Le principe étant admis, restent quelques difficultés que nous devons examiner de près.

Si par erreur, et malgré la circulaire précitée
du ministre de la guerre, un jeune homme dans
le cas de l'article 8, 3° C. civ., Français sauf répudiation, était inscrit en minorité ? De deux choses
l'une : ou il réclamerait contre son inscription, ou
il accepterait de tirer immédiatement au sort.

Au premier cas, et sur sa réclamation accompa-
gnée des pièces établissant sa qualité, il devrait
être rayé soit par le sous-préfet, soit par le conseil de révision. L'article 11, alinéa 1, ne prescrit
son inscription que dans l'année de sa majorité,
il a le droit de s'opposer à toute inscription faite
avant cette date.

Si, au contraire, notre mineur participait aux
opérations du recrutement, deviendrait-il défini-
vement Français ? Nous le croyons par *a fortiori*

____

(1) Les questions qui se posent sous l'art. 12 al 2 de la loi militaire ne sont donc pas spéciales aux fils d'étrangers de notre
2° section. Nous les examinerons cependant à cet endroit.

de l'article 9 du Code civil, dernier alinéa (1). Il ne pourrait donc plus, se ravisant le jour de sa majorité, prétendre répudier la nationalité française.

On peut supposer que l'inscription n'a été faite qu'après la majorité. Si l'intéressé participe aux opérations du recrutement et ne réclame pas, aura-t-il encore le droit de répudier jusqu'à 22 ans accomplis? ou bien est-il devenu irrévocablement Français? Il faut prendre le dernier parti. Il est commandé par l'article 11 alinéa 1 de la loi militaire laissant entendre qu'il peut bien répudier encore lors de son inscription d'office, mais qu'après il serait trop tard. « Ils sont inscrits..., dit-il, et soumis au service militaire s'ils n'établissent pas leur qualité d'étranger. »

Peut-il, au contraire, refuser de participer aux opérations du recrutement? Il le peut, sans doute, en établissant sa qualité d'étranger par une dé-

---

(1) Nous essaierons de démontrer plus loin que l'art. 9 al. final s'applique aussi bien aux enfants mineurs qu'aux enfants majeurs nés en France d'un père qui n'y est pas né.

Si donc la participation aux opérations du recrutement vaut à ces enfants — encore étrangers à ce moment — l'acquisition définitive de la qualité de Français, combien plus doit-elle consolider cette même qualité sur la tête de notre individu déjà Français dès sa naissance !

claration enregistrée et appuyée des preuves exigées à l'article 8, 4° du Code civil.

Le peut-il aussi en alléguant simplement que les lois sur la nationalité lui donnent, pour prendre parti, une année entière ; que ce serait les violer que de restreindre ce délai à l'intervalle qui sépare la date de sa majorité et la formation de la classe qui suit immédiatement cette date ? Nous avons par avance écarté cette prétention. Le législateur a voulu permettre le plus tôt possible l'inscription d'office des fils d'étrangers. Dans notre hypothèse, il n'a même pas exigé qu'ils résidassent en France. La pratique du ministère de la guerre est en ce sens (1).

B. *Individus qui* deviennent *Français après leur naissance*

La loi du 26 juin 1889 a créé des cas où l'on *devient* Français de plein droit. Ces cas sont au nombre de trois : l'enfant né en France d'un étranger qui lui-même n'y est pas né, devient Français à 21 ans, s'il est à cet âge domicilié en France. Le fils mineur d'un étranger qui se fait ou naturaliser

____

(1) Saumur, *Dictionnaire du recrutement*, p. 773. Nous exigeons dans les hypothèses qui suivent, la résidence en France (art. 11, al. 1 et 2 comp.).

ou réintégrer Français, devient immédiatement Français comme son père. Peu importe qu'il réside ou non en France, qu'il y soit né ou non.

Dans ces trois cas, le fils d'étranger a le droit de 21 à 22 ans de répudier la nationalité française (1).

A quel âge doit-il être inscrit sur les tableaux de recensement ? — Il faut distinguer.

S'il remplit les conditions de l'article 8, 4°, C. civ., il sera inscrit dans le cours de sa vingt-deuxième année, avec la classe dont la formation suit l'époque de sa majorité. L'article 11 (al. 2) commande cette solution. Il prévoit sans doute une situation qui n'est pas celle de nos individus, qui en est même, nous le savons, la contre-partie évidente. Nous avons vu par quel concours de circonstances ce fait peut s'expliquer. Nous connaissons également les intentions du législateur.

L'article 11 de la loi militaire révèle des tendances dont nous devons tenir compte, dans la mesure où elles sont compatibles avec la loi sur la nationalité. Nous maintenons donc notre solution. Elle s'appliquera aussi aux enfants qui étaient mineurs lors de la naturalisation ou de la réintégration de leur père, s'ils résident en France,

____

(1) Pour désigner ces individus, les textes officiels et notamment les circulaires annuelles du ministère de la guerre, emploient l'expression de Français sous condition résolutoire.

à l'époque de leur majorité (art. 11, al. 3, loi milit.).

Ici encore, vis-à-vis de la nationalité française, le fils d'étranger n'est plus dans la situation à laquelle songeait la loi militaire.

Cependant, comme dans l'hypothèse précédente, et pour les mêmes raisons, nous croyons remplir le vœu du législateur en ne tenant compte que des préoccupations auxquelles il a obéi.

Pas plus qu'il ne le fut lui-même, il ne faut être arrêté par la physionomie nouvelle que la loi sur la nationalité vint donner au droit d'option dans l'hypothèse qui nous occupe.

Au fond, ce droit était respecté. Cette constatation nous suffit. C'est au droit d'option que s'en prit le législateur dans la loi militaire. Il voulut qu'il fût exercé par ceux qui en jouiraient, dès la formation de la classe à laquelle il serait procédé immédiatement après leur majorité.

Cependant nous ne laissons pas complètement de côté la lettre de l'alinéa 3 de l'article 11. Nous devrions alors admettre que l'enfant de l'étranger naturalisé ou réintégré Français sera inscrit dans le cours de sa vingt-deuxième année, même s'il ne remplit aucune des conditions prévues au texte.

Or, nous avons exigé que l'intéressé résidât en France, pour que l'alinéa 3 puisse lui être appliqué. Cette condition nous semble ici essentielle, si l'on tient compte de l'esprit de la loi.

On pourrait, il est vrai, nous opposer un raisonnement qui paraît très simple.

Il est acquis, pourrait-on dire, qu'à l'époque où elle fut votée, la loi militaire ne tint compte que de la législation existante, en matière de nationalité. Or, l'enfant dont le père se faisait naturaliser ou réintégrer Français, pour devenir Français lui-même n'avait à sa disposition que l'article 9 ancien du Code civil, lequel exigeait la soumission de fixer son domicile en France, suivie de cette fixation effective.

Tant que ces deux formalités n'intervenaient pas, l'intéressé ne pouvait devenir Français.

Comment la loi militaire eût-elle pu le forcer à opter ? Elle eût dû le forcer à venir en France ! On conçoit qu'elle ait reculé devant cette extrémité. Les faits étaient plus puissants que la toute-puissance de la loi. Mais aujourd'hui qu'il est Français de plein droit, dès le jour de la naturalisation ou de la réintégration de son père, aujourd'hui qu'il peut opter de 21 à 22 ans tout en continuant à résider à l'étranger, il est atteint par la pensée de la loi.

Ainsi, il devra tirer au sort avec la première classe formée après sa majorité, il ne pourra, même si à cette époque il réside à l'étranger, exciper de son droit à l'option sous prétexte que ce droit doit durer un an (1).

Telle est la décision arrêtée par le ministre de la guerre (2).

Il n'y a qu'un mal à ce raisonnement. C'est qu'il dénature la véritable pensée de la loi.

Le législateur a voulu soumettre au service militaire le plus tôt possible, l'individu qui *réside en France*, et à qui la loi militaire faisait, avant l'article 11, la partie trop belle. Il gagnait deux ans sur ses camarades, il leur faisait *à l'atelier et partout une trop rude concurrence*. Ce motif fut souvent donné, pour appeler la réforme de l'article 11. Il indique bien que l'individu qui nous occupe ne tombe sous l'application de l'article 11, alinéa 2, que s'il *réside* en France. Si donc il réside à l'étranger, il ne doit être inscrit que par application de l'article 12 de la loi militaire, en qualité de Français *naturalisé* par le bienfait de la loi. A moins, bien entendu, qu'il n'ait répudié notre nationalité.

Peu importe que le jeune homme visé par l'article 12 ou par l'article 18 du Code civil, du moment qu'il réside à l'étranger, soit né en France ou à l'étranger.

---

(1) V. *supra* p. 50.
(2) Iustruction du 4 décembre 1889, n° 21.

— Voyons maintenant comment fonctionnera, en pratique, l'article 11 alinéas 2 et 3 de la loi militaire, en ce qui concerne nos trois catégories de Français sauf répudiation.

Ils ont été portés sur les tableaux de recensement dans l'année qui suit leur majorité.

Ils peuvent ne pas accepter cette inscription. Pour se faire rayer, ils seront obligés d'établir qu'ils ont répudié la nationalité française. Ils produiront à cet effet :

1° Une déclaration de répudiation, enregistrée au ministère de la justice.

2° Une attestation émanée de leur gouvernement constatant qu'ils sont considérés par lui comme ses ressortissants (1).

3° Un certificat constatant qu'ils ont satisfait dans leur pays à la loi militaire.

Si le service militaire n'existait pas dans son pays d'origine (comme en Angleterre) ou tout au moins n'existait pas pour une certaine catégorie de personnes à laquelle il appartiendrait (comme pour les chrétiens en Turquie), l'intéressé ne pourrait pas produire cette dernière pièce. On se contenterait alors d'un certificat constatant cette

_____

(1) Une convention déjà ancienne a réglé la formule de l'attestation à délivrer par les autorités anglaises à leurs ressortissants. Cf. Rabany, *La loi sur le recrutement*, t. I. p. 210 et s.

situation, par application des mots *s'il y a lieu* de l'article 8, 4° du Code civil.

Ainsi parle l'instruction ministérielle du 4 décembre 1889, n° 21. Nous croyons que le double de la déclaration portant la mention de l'enregistrement au ministère de la justice, devrait suffire, à l'exclusion des deux dernières pièces.

L'intéressé ne les a plus ces deux certificats, puisqu'il a dû les produire devant le juge de paix, lors de sa déclaration à laquelle elles doivent demeurer annexées. Il est certain, d'autre part, qu'il les a effectivement fournies, puisque sans elles la déclaration n'eût pas été enregistrée. Pourquoi donc les exiger de nouveau (1) ?

Remarquons, d'ailleurs, que la production de ces pièces pourra être différée. Un certain délai pourra être accordé par le conseil de révision au jeune homme qui justifierait en avoir besoin pour les rassembler. Cette hypothèse se présentera, il est vrai, rarement, puisque, à supposer la situation la plus défavorable, celle d'un jeune homme né le 31 décembre, il aura jusqu'à la réunion du conseil de révision, c'est-à-dire, en général, trois ou quatre mois pour être en mesure de répudier et d'apporter toutes les justifications nécessaires.

— S'ils ne réclament pas et prennent part au ti-

____

(1) En ce sens Le Sueur et Dreyfus, *La nationalité*, p. 239 note 2.

rage au sort, ils deviennent définitivement Français. Désormais, leur droit de répudier la nationalité française est éteint (1). Le législateur a sur ce point clairement manifesté sa volonté, dans notre article 11, alinéa 2. Une circulaire du 12 octobre 1896 (2) semble admettre le contraire dans un cas particulier, contredisant ainsi ce que l'administration de la guerre admet, en général (3). Peut-être songe-t-elle aux individus désignés dans l'article 12, § 3, et 18 *in fine* du Code civil, et suppose-t-elle qu'ils ont, par erreur, été inscrits dans leur vingtième année. Dans ce cas, et s'ils sont nés à l'étranger, ces individus, bien qu'ils aient participé aux opérations du recrutement, ne sont pas devenus Français en vertu de l'article 9, § final du Code civil. Ils ne le sont pas devenus non plus, en vertu de l'article 11 de la loi militaire, qui ne prévoit que le cas d'une participation en majorité. Ils conservent donc le droit de répudier. Si, en fait, ils répudient après leur incorporation et dans les délais voulus, ils devront, comme le prévoit la circulaire, être renvoyés dans leurs foyers et rayés des contrôles de l'armée.

L'observation que nous venons de faire, nous a

(1) *Contra.* Weiss. *tr. th. et pr. de dr. int. privé*, t. I, p. 172 et s.

(2) Saumur, *loc. cit.*, p. 601.

(3) Cf. *ibid.*, p. 774, note.

amenés à donner, par avance, notre opinion sur la question de savoir de quelle conséquence pourrait être, au point de vue de la nationalité de nos Français sauf répudiation, leur participation aux opérations de recrutement à la suite de leur inscription faite en minorité.

Pour l'enfant né en France d'un étranger, la question ne se pose pas à propos du commentaire de l'article 8, 4° du Code civil. Elle est mieux à sa place dans le commentaire de l'article 9 § final. C'est là que nous l'examinerons.

Quant aux enfants mineurs visés par l'article 12, § 3 ou par l'article 18 *in fine* du Code civil, cette conséquence est nulle. A moins, toutefois, qu'ils ne soient nés en France, auquel cas, l'article 9, § final, s'appliquerait, comme nous le verrons. L'hypothèse inverse peut également se présenter. Ce mineur inscrit peut protester contre son inscription, disant qu'elle est prématurée. Il établira que sa filiation lui donne une nationalité étrangère d'origine. Sur cette preuve, il sera rayé. Plus tard, dans le cours de sa vingt-deuxième année, il sera de nouveau inscrit. Cette fois, pour être rayé, il devra faire la preuve que nous avons déjà indiquée.

IV

DE CEUX QUI DEVIENNENT FRANÇAIS PAR LE MOYEN D'UNE DÉCLARATION.

La loi française consacre, pour le fils d'étranger, la possibilité de devenir Français au moyen d'une simple déclaration, s'il est dans un des trois cas suivants :

1°) S'il est né en France et se trouve à 21 ans domicilié à l'étranger;

2°) Si, à une époque où déjà cet enfant était majeur, le père a été naturalisé Français ;

3°) Si le père est un ex-Français.

La déclaration à faire est la même dans les trois cas.

Elle comporte : 1°) soumission de fixer son domicile en France, faite devant les représentants de la France, s'il réside à l'étranger, dans le courant de sa vingt-deuxième année, c'est-à-dire, avant qu'il n'ait atteint 22 ans accomplis; 2°) fixation réelle de ce domicile dans l'année de cette soumission ; 3°) déclaration faite devant le juge de paix de sa résidence en France, par laquelle il revendique la qualité de Français, dans le même délai. Cette déclaration doit, aujourd'hui, être enregistrée au ministère de la justice, à peine de nullité.

Telle est la règle générale. Mais il faut citer des particularités propres à chacune de nos trois hypothèses.

Dans la première hypothèse, la déclaration est possible durant la minorité de l'intéressé. De plus, elle peut être remplacée par un équivalent qui est la participation aux opérations du recrutement (art. 9 § final, C. civ.).

Cet équivalent s'offre-t-il également dans les deux autres? Nous répondrons plus tard à cette question.

Un fait certain c'est que dans la 3ᵉ hypothèse, la déclaration peut intervenir à tout âge. Une seule restriction est faite. Si l'intéressé « domicilié en France et porté sur les tableaux de recensement lors de sa majorité, a excipé de son extranéité pour se faire rayer » il ne peut plus désormais devenir Français en faisant une déclaration (art. 10, *in fine* C. civ.,).

Nous étudierons d'abord la situation au point de vue militaire de celui qui devient Français en majorité.

Quant à la situation militaire du jeune homme qui, par application de l'article 9, al. 10, C. civ., ou par application des art. 10 C. civ. et 9 § 10 C. civ. combinés, est devenu Français en minorité, sa situation est régie par l'article 10 ou par l'article 12 de la loi militaire suivant qu'il faut placer l'époque où il est devenu Français, au plus tard, entre le 1er janvier et le 31 décembre de l'année où il a eu 20 ans, ou au contraire, s'il n'a acquis la nationalité française qu'après le 31 décembre de cette année.

Nous ferons ensuite le commentaire de la disposition finale de l'article 10, et celui de la disposition finale de l'article 9 du Code civil.

A. *Situation militaire de celui qui devient Français par déclaration, en majorité* (1).

Cette situation est textuellement réglée par l'article 12 de la loi du 15 juillet 1889. Il sera donc porté sur les tableaux de recensement de la première classe formée après son changement de nationalité.

Il ne sera soumis qu'aux obligations militaires

---

(1) Nous ne nous occupons pour le moment que de la déclaration passée aux environs de la majorité, dans le cours de la 22e ou de la 23e année. Remarquons que la déclaration autorisée par l'art. 10 C. civ. en tant qu'elle sera passée à une époque quelconque après la majorité, relève de notre deuxième section.

de la classe à laquelle il appartient par son âge.

En usant intégralement des délais de l'article 9 § 1, l'intéressé peut retarder le jour où il sera Français, jusqu'à la veille de ses 23 ans.

Né le 31 décembre 1876, Primus aura 22 ans accomplis le 31 décembre 1898. S'il fait la soumission exigée le 30 décembre 1898, et la déclaration le 30 décembre 1899, il ne devra tirer au sort qu'en janvier 1900. Or, à cette époque, sa classe d'âge (classe 1896) sera au régiment depuis novembre 1897. Elle aura fait trois ans en novembre 1900, Primus ne pourra donc pas être mis en route à cette date. Il sera donc devenu Français, sans qu'il lui en coûte beaucoup.

La situation ne sera pas toujours aussi avantageuse. Prenons le cas de Secundus. Il est né le 1er janvier 1876, il aura 22 ans accomplis le 1er janvier 1898. Il devra faire la soumission de domicile, au plus tard le 31 décembre 1897, il passera la déclaration et fixera son domicile en France, le 30 décembre 1898, au plus tard. Il tirera au sort en janvier 1899. A cette époque, sa classe d'âge sera au régiment depuis novembre 1897. Secundus sera incorporé pour un an.

Nous avons supposé dans les deux cas que l'intéressé attendait jusqu'au dernier moment. Supposons maintenant qu'il mette à devenir Français tout l'empressement désirable. Tertius, né le 1er janvier 1876, fait soumission de fixer son domicile en France quelques semaines après avoir atteint sa majorité ou le jour même de sa majorité, par conséquent en janvier 1897. Puis il transporte son domicile en France et fait la déclaration requise dans le courant de l'année. Il est devenu Français dans le courant de 1897 ; il devra tirer au sort en 1898. Tertius sera donc incorporé pour deux ans en novembre 1898.

Il est vrai que nous n'avons pas tenu compte d'un autre facteur : la nécessité, pour que la déclaration sorte son effet, de l'enregistrement au ministère de la justice. Cette nécessité fera-t-elle que le tirage au sort soit encore retardé davantage ?

Tout dépend du moment à partir duquel la déclaration produit effet. La loi est à cet égard assez obscure, dans l'article 9 du Code civil. Nous croyons qu'il faut, en combinant les alinéas 1 *in fine* et 7, prendre pour point de départ le jour même où la déclaration est souscrite devant le juge de paix.

Le refus d'enregistrement n'agit alors que comme condition résolutoire. *Pendente conditione*, le déclarant est Français. On comprend cependant que, cette qualité pouvant lui être rétroactivement enlevée, l'administration n'autorise son inscription qu'après l'enregistrement.

C'est la ligne de conduite qu'elle suivra si l'on en juge par la circulaire du 8 décembre 1893 (1). Aux termes de cette circulaire, l'individu devenu Français par déclaration ne sera inscrit sur les tableaux de recensement que s'il présente, avant la publication de ces tableaux, l'exemplaire de sa déclaration portant mention de l'enregistrement.

On ne peut nier qu'il y ait là une source de nouvelles lenteurs. Les cas où l'intéressé ne fera aucun service actif pourront donc se présenter d'autant plus fréquemment. Ainsi, pour prendre le cas de notre *Secundus,* il ne pourra pas obtenir l'enregistrement avant le tirage au sort. Il ne pourra donc pas y prendre part en 1899. Il devra attendre une année de plus ; il n'aura aucun service effectif à faire dans l'armée active.

Cet état de choses choque le bons sens dans un pays comme le nôtre, avide d'égalité. C'est contre lui que les protestations s'élevèrent, si ardentes et si infatigables. Elles finirent par arracher au législateur l'article 11 de la loi militaire. Ce fut le remède. Pourquoi ne l'appliquerions-nous pas ici, dans la mesure qui nous est maintenant familière ? N'est-ce pas le cas ou jamais de

(1) *B. Off. du minist. de la guerre,* 1893, p. supp. p. 245.

le faire, puisque cet article traite *in terminis* d'individus pouvant devenir Français par déclaration ? Telle est bien l'hypothèse dans laquelle nous sommes. S'ils résident en France et ne sont pas encore devenus Français, ils seront mis en demeure de le devenir dès la première formation de classe à laquelle on procèdera après leur majorité. Ils n'auront pour cela qu'à se laisser inscrire. S'ils refusent, on s'inclinera, mais ils ne seront plus reçus à faire une déclaration. Le délai de la loi civile est donc abrégé par la loi militaire. — La pensée de la loi est-elle de s'occuper dans l'article 11 de tous les étrangers qui peuvent *devenir* Français par déclaration ?

En ce qui concerne les fils d'étrangers nés en France, nous devons supposer qu'ils ne sont pas devenus Français en vertu de l'article 8, 4° C. civ.

Nous avons déjà étudié cette situation, nous n'y revenons pas. Pour ceux qui à 21 ans résidaient à l'étranger, ils seront forcés d'opter, s'ils viennent en France au temps voulu pour figurer sur les tableaux de recensement de la première classe formée après leurs 21 ans.

Même ils le seront encore s'ils n'y viennent que plus tard, mais étant encore dans les délais pour faire leur déclaration.

Soit *Quartus*, il est né le 30 janvier 1876. Il a

fait, le 29 janvier 1898, soumission de fixer son domicile en France. S'il vient, en exécution de cette soumission, se fixer en France en décembre 1898, qui empêche de l'inscrire avec la classe de 1898 ? Pourquoi ne pas le faire tirer au sort en janvier 1899, par application de l'article 11 de la loi militaire ?

Ainsi, il sera soldat pendant un an.

Au contraire, si on ne lui appliquait que l'article 12 de la loi militaire, il pourrait ne faire sa déclaration qu'en 1899, avant le 29 janvier. Puis, il tirerait au sort en 1900. Il ne devrait pas partir.

Rien n'empêche d'appliquer l'article 11, alinéa 2. Ce texte vise la résidence en France, il ne précise pas à quelle époque. Il suppose simplement qu'elle se place après la majorité de l'intéressé (1).

Ces observations s'appliquent aux fils majeurs du naturalisé, même nés en pays étranger.

S'agit-il des fils du ci-devant Français nés à l'étranger ? La lettre de notre article ne les vise pas.

Au moment où fut rédigé l'article 11 de la loi militaire, le fils de l'ex-Français pouvait à tout âge devenir Français par déclaration. L'article 10,

____

(1) Weiss. *Tr. théoriq. et prat. de dr. int. privé*, t. I, p. 103, note 2.

§ 2 du Code civil, lui assurait ce droit depuis 1804.

A la vérité, cet article 10, § 2 ne stipulait expressément que pour les individus nés à l'étranger. C'est une raison de plus pour estimer que le silence de l'article 11 à leur égard est significatif. Si la loi militaire avait voulu abréger ce délai illimité donné aux fils du ci-devant Français résidant en France, c'est, semble-t-il, l'hypothèse-type de la loi civile qu'elle aurait nommément visée. Elle ne l'a pas fait.

C'est qu'elle ne l'a pas voulu. L'oubli n'est pas admissible, étant donné qu'en songeant dans l'alinéa 3 au bénéfice de la déclaration de l'article 9, acquis en dehors de toute naissance en France, elle a dû se rappeler l'article 10, § 2 du Code civil ancien.

On s'explique, du reste, qu'elle n'ait pas voulu viser *directement* et *in specie* le fils du ci-devant Français. Il faut suivre attentivement les travaux préparatoires de l'art. 11 loi militaire pour être frappé de la répugnance que le législateur éprouvait à abréger le délai de la déclaration de nationalité. Modifier le Code civil dans une loi sur le recrutement, par conséquent d'une manière indirecte, peut-être aussi périlleuse pour la sauvegarde des principes juridiques qu'elle était hypocrite, il ne s'y résolut qu'à la dernière extrémité, et comme à regret. Il cédait, ce faisant, aux instances répétées qui dans les deux Chambres appelaient son attention sur les injustes privilèges dont jouissaient *en fait*, vis-à-vis des charges militaires, *les enfants nés en France d'étrangers*.

Il était rare que ces individus eussent pour père un ex-Français. L'hypothèse, sans doute, devint de nature à se représenter plus souvent, du jour où la jurisprudence reconnut la qualité d'ex-Français aux individus atteints par le démembrement de 1814 (1). On ne vit pourtant aucun danger de ce côté.

Il semble que, vis-à-vis du fils d'ex-Français, on ait voulu en rester à ces paroles que Boulay avait prononcées lors des travaux préparatoires du Code civil : « S'il ne partage pas les sentiments de « son père, s'il porte ses regards vers la patrie « que la nature lui destinait, s'il y est ramené par « son amour pour elle, pourquoi ne l'y recevrait-« elle que comme un étranger ? Elle doit le « traiter comme un enfant qui vient retrouver « sa famille et qui invoque la faveur de son ori-« gine. »

Le Code de 1804, on peut le dire, gardait à l'en-

______

(1) A part un jugement du tribunal d'Hazebrouck du 24 mars 1888. D. 89. 3. 71, ce n'est guère qu'après 1889, on peut le remarquer, que les tribunaux furent appelés à se rallier à l'arrêt de principe rendu par la Cour de cassation (aff. Gillebert). V. les décisions citées dans Aubry et Rau, 5e édit., t. I. p. 462, note 31.

droit du fils de l'ex-Français, un reste de véritable affection. Comment admettre que les auteurs de la loi militaire en aient fait fi, sans y être sollicités, eux si respectueux des règles existantes en matière de nationalité, si hésitants quand on les pressait de rompre avec les ménagements dont usait l'ancien article 9 du Code civil vis-à-vis des fils d'étrangers ?

La jurisprudence avait décidé, très juridiquement selon nous, que le bénéfice de l'article 10, § 2 ancien du Code civil pouvait être réclamé par le fils de l'ex-Français, qu'il fût né à l'étranger ou même en France. On songeait bien à exiger qu'il se prononçât dans l'année de sa majorité, en qualité d'enfant né en France d'un étranger. L'idée n'est venue à personne qu'il fallait lui dénier, en cas d'option pour la nationalité étrangère, le bénéfice de sa qualité d'enfant d'ex-Français. L'article 11 alinéa 2 de la loi militaire ne parle que des individus nés en France d'un étranger. Il ne faut pas lui demander de régler le sort d'individus dont il ne s'occupait pas. Si, lors de leur inscription, nos fils d'ex-Français, nés en France, opposent leur extranéité, encourent-ils une déchéance ? Ils sont déchus du bénéfice de l'article 9 du Code civil, ils conservent celui de l'article 10 § 2.

Tel est l'esprit, tel est le texte de l'article 11 de la loi militaire, au moment où il est voté, alors que le droit des fils du ci-devant Français est réglé par l'article 10, § 2 du Code de 1804.

A ce moment, le projet de loi sur la nationalité ne faisait que reproduire l'article 10, § 2, tout en sanctionnant dans le texte la jurisprudence dont nous parlons. Il était soumis à la Chambre pour la première fois. Le rapport de M. Dubost avait été déposé.

Plus tard, avant la discussion publique, mais après que l'article 11 de la loi militaire eut été voté par les deux Chambres avec la teneur qu'il devait conserver définitivement, la Commission fut d'avis d'insérer une restriction au texte primitivement proposé et déjà admis par le Sénat.

Cette restriction est restée dans l'article 10 du Code civil. Nous l'étudierons dans un instant.

Pour le moment, maintenons donc fermement notre conclusion : le fils d'ex.-Français n'est pas atteint, en cette qualité, par l'article 11 de la loi militaire, s'il réside en France.

En conséquence, s'il est né à l'étranger, il ne peut, en aucune façon, être porté sur les tableaux de recensement avant toute déclaration de sa part.

S'il est né en France, il le sera comme fils d'étranger. Il pourra opposer son extranéité sans être déchu du bénéfice de l'article 10 du Code civil. Cette dernière conséquence conduisait à une lacune que l'interprète n'eût pu que regretter dans la loi militaire. Les rédacteurs de la loi du 26 juin 1889 l'ont aperçue. Voyons comment ils l'ont comblée.

B. — *De la disposition finale de l'article 10 du Code civil.*

Le fils du ci-devant Français peut, à tout âge, qu'il soit né en France ou à l'étranger, user de l'article 9 du Code civil, à moins, ajoute la disposition finale de l'article 10 C. civ., que domicilié en France et appelé sous les drapeaux, lors de sa majorité, il n'ait revendiqué la qualité d'étranger.

Quelle est exactement l'hypothèse que cette disposition finale a voulu prévoir?

Cette question embarrasse les commentateurs. M. Antonin Dubost s'est expliqué sur la rectification de l'article 10. « L'article 10 du Code civil proposé », écrit-il dans son deuxième rapport supplémentaire déposé à la Chambre le 7 février 1889 (1) « décide que « tout individu né en « France ou à l'étranger de parents dont l'un a « perdu la qualité de Français, pourra recouvrer « cette qualité à tout âge aux conditions fixées par « l'article 9. On a fait observer qu'il y aurait lieu

(1) Ch. imp. sess. ord. de 1889, annexe 3560.
J. Off. 1888-89. Chambre. *Doc. sess. ord.* de 89, p 576.

« d'y ajouter une clause enlevant le droit de recou-
« vrer la qualité de Français à tous les individus
« qui, au moment de l'appel sous les drapeaux,
« *se seraient soustraits au service militaire en exci-*
« *pant du bénéfice de l'article 9* ».

Le Sénat vota cette modification adoptée par la
Chambre, sur le rapport de M. Delsol qui, avec la
Commission dont il était membre, se contenta de
trouver cette restriction très légitime et méritant
toute approbation (1).

On voulut empêcher ceux qui se prévalent du
bénéfice de l'article 9 pour échapper au service
militaire et rester étrangers, de s'en prévaloir plus
tard pour devenir Français. Il ne faut pas que le
même article serve alternativement pour rester
étranger ou pour devenir Français, suivant les
calculs égoïstes du moment. La pensée du législateur, si l'on en croit ses explications, a visé ceux
qui, appelés sous les drapeaux, se sont soustraits
au service militaire en excipant du bénéfice de
l'article 9 C. civ.

Qui pouvait se prévaloir de l'article 9 du Code
civil, d'après le projet de rédaction de cet article,
au moment où nous sommes, c'est-à-dire à la

______

(1) Rapport au Sénat, déposé le 3 juin 1889, Sénat, Impress.
annexe n° 160, ou *J. Off.* 88-89. *Sénat, Documents Sess. ord.* 89.
p. 232.

veille du vote de la Chambre pour la deuxième délibération en première lecture? C'étaient les individus nés en France de parents étrangers si leur père était né à l'étranger et si eux-mêmes n'étaient pas domiciliés en France à l'époque de leur majorité.

Remplissaient cette dernière condition : le mineur, le majeur non domicilié à l'époque de sa majorité. Étaient-ils appelés sous les drapeaux?

Celui qui déjà majeur était venu résider en France, était appelé obligatoirement en vertu de l'art. 11, loi mil. Ne pouvaient être appelé que par erreur, celui né en France mais encore mineur, et celui déjà majeur mais résidant à l'étranger.

La loi ne vise pas le second, puisqu'elle parle d'individus appelés lors de leur majorité. Elle ne vise pas le troisième, puisqu'elle exige que l'intéressé ait été domicilié en France. Nous le répétons à dessein : ces deux catégories ont été portées *par erreur*. On remarquera donc que dans le système de la loi, l'erreur peut bien profiter aux intéressés qui en sont l'objet, mais elle ne peut pas leur nuire. En refusant de participer aux opérations de recrutement, alors que la loi ne les mettait pas en demeure d'accepter sous peine de ne pouvoir opter désormais, ils ont fait un calcul que la loi militaire aurait pu, mais qu'elle n'a pas voulu condamner. Pourquoi la loi civile le ferait-elle ?

Au contraire, l'article 11, alinéa 2, met l'individu de la première catégorie dans l'obligation de choisir. C'est la loi qui signifie elle-même que s'il veut acquérir la qualité de Français, il doit accepter les obligations du service militaire qui en sont la charge. Cependant, nous l'avons vu, respectueuse du Code civil, la loi militaire n'avait pas voulu modifier indirectement l'article 10. Il en résultait que le fils d'étranger né en France, quoique définitivement exclu du bénéfice de l'article 9 s'il refusait de participer aux opérations du recrutement, pouvait cependant échapper à cette déchéance en invoquant l'article 10 du Code civil et la qualité de Français qu'avait eue autrefois son père.

On comprend que la commission qui préparait les réformes à introduire dans notre législation en matière de nationalité, ait voulu faire cesser cet état de choses. Elle a complété l'œuvre du législateur militaire sur ce point. Elle n'avait pas à partager les mêmes scrupules que lui, et elle montrait assez, en fait, qu'elle ne les partageait pas.

Selon nous, donc, et tout d'abord, la disposition que nous analysons a eu certainement en vue les individus nés en France qui, devenus majeurs sans avoir été atteints par l'article 8, 4° du C. civ., sont venus résider dans notre pays, étant encore dans les délais pour être saisis par l'article 11, § 2, loi milit., en tant que fils d'étrangers.

S'ils venaient en France, après leur 23e année révolue, ou plus tôt, mais à un moment où ils ne seraient plus dans les délais pour pouvoir faire la déclaration de l'article 9 en la seule qualité de fils d'étrangers, ils ne seraient plus obligatoirement inscrits en vertu de l'article 11, alinéa 2, loi milit. Ce texte, nous le savons, ne pourrait les atteindre qu'en leur seule qualité de fils d'étrangers, et ils l'ont juridiquement perdue.

Ce ne serait que par erreur qu'ils pourraient être inscrits.

Leur refus n'entraînerait pas l'application de notre disposition.

Nous avons vu plus haut, en effet, qu'il n'est pas dans l'intention de la loi de viser les cas où l'inscription est le résultat d'une erreur. Il est indigne d'un législateur de tabler sur une erreur, pour obliger à être soldat en prononçant une déchéance, c'est-à-dire d'une manière détournée.

Mais le texte de notre disposition dépasse, dans sa lettre, la portée que nous lui avons donnée jusqu'ici. Il parle nommément de tous ceux qui étaient *domiciliés* en France lors de leur majorité. Faut-il dire qu'il entend parler même des individus qui, devenus Français en vertu de l'article 8, 4° C. civ., ont répudié la nationalité française lors de l'appel sous les drapeaux, dans l'année de leur majorité ?

On l'a soutenu (1), et nous l'admettons aussi. Cette extension qu'exige impérieusement la lettre de l'article 10, n'est peut-être pas en désaccord avec la pensée du législateur telle que nous la connaissons. Il a très nettement indiqué qu'il visait les individus qui s'étaient prévalus du bénéfice de l'article 9 pour échapper au service militaire en France. Mais de quel bénéfice a-t-il au juste voulu parler ?

Si l'on se reporte, en effet, à l'article 9 accepté par la Commission de la Chambre, on trouve que l'alinéa 3 est ainsi conçu : « Tout individu né en « France de parents étrangers, devient Français « si, ayant été porté sur les tableaux de recense- « ment, il prend part aux opérations de recrute- « ment sans opposer son extranéité ».

Cet alinéa admet donc que les fils d'étrangers peuvent refuser en France le service militaire en opposant leur extranéité. Il n'exclut pas le fils d'étranger visé par l'article 8, 4° du Code civil.

---

(1) Le Sueur et Dreyfus, *loc. cit.* p. 250-251.
V. Douai, 9 juillet 1890, Clunet, 1890, p. 921.

On pourrait le nier. S'il est vrai, pourrait-on dire, qu'à cette époque le § final de l'article 9 prétendait, par son début, s'appliquer à « tout individu né en France de parents étrangers », il est non moins certain que cette formule était trompeuse. Elle ne visait pas les fils d'étrangers nés d'un père également né en France, puisque, aux termes mêmes du projet de loi, la qualité de Français leur était acquise de plein droit. L'art. 9 al. final ne leur était d'aucune utilité. Il ne servait pas davantage aux fils d'étrangers désignés par l'art. 8, 4° du C. civ., qui auraient dans l'année de leur majorité accepté de tirer au sort, puisqu'ils étaient déjà Français à raison de leur domicile établi en France au jour de leur majorité.

Nous répondons que pour ces derniers, leur participation aux opérations du recrutement devait les rendre immédiatement et définitivement Français, si, comme nous avons vu qu'on le devait, on appliquait l'esprit de l'article 11, alinéa 2. Cette participation, affirmait à son tour l'art. 9, § final, équivaudrait à une renonciation à la faculté de répudiation. — La Commission du Sénat voulut, il est vrai, que l'article 9, § final, ne visât plus que le fils d'étranger non domicilié à 21 ans en France. Mais, en revanche, elle ne limita pas aux seuls individus désignés par l'article 9, C. civ. la portée de la disposition de l'art. 10, C. civ. que nous étudions; elle adopta le texte dans toute sa généralité (1).

Qu'est-il besoin au surplus de s'attarder au parti qu'il faut prendre sur ce qui fut primitivement et resta la pensée du législateur? La lettre de l'article 10 *in fine* du Code civil n'est-elle pas formelle? Elle vise tous ceux qui, étant domiciliés en France, où ils naquirent, ont été appelés sous les drapeaux, à l'époque de leur majorité, et ont préféré rester étrangers. Ces individus appartiennent à deux catégories bien distinctes de fils d'étranger. L'une comprend le fils d'étranger que l'art. 8, 4° C. civ., atteignit à 21 ans, et dont le père serait ex-Français. L'autre comprend l'enfant né en France du ci-devant Français quand venu en France, après sa majorité il a été saisi par l'article 11 alinéa 2 de la loi militaire.

En un mot, elle n'a trait qu'aux individus nés en France et portés *obligatoirement*, lors de leur majorité, sur les tableaux de recensement à raison de leur résidence dans notre pays.

On a prétendu, au contraire, qu'elle ne visait que les individus nés à l'étranger et portés *par erreur* sur ces tableaux, lors de leur majorité, à un moment où ils sont domiciliés en France.

(1) Rapport Delsol du 3 juin 1889. *J. Off. Sess. ord.* de 1889. Doc. du Sénat. p. 232, annexe 160.

Avant d'examiner cette opinion, disons tout de suite qu'elle n'est pas celle de la Chancellerie. Nous lisons dans la circulaire du garde des sceaux, du 23 août 1888, « qu'il y a lieu de veiller à ce « que l'individu qui réclame la qualité de Fran- « çais, en vertu de l'article 10 du Code civil éta- « blisse, s'il est né en france, quel était son do- « micile et celui de ses parents, à l'époque de sa « majorité, telle qu'elle est réglée par la loi fran- « çaise, afin de permettre de vérifier si, lors de sa « majorité, il n'a pas revendiqué la qualité d'étran- « ger pour échapper au service militaire. Dans le « cas de l'affirmative, en effet, la loi le déclare dé- « chu du droit de réclamer la qualité de Fran- « çais ». Même doctrine révélée dans la circulaire du même ministère, en date du 28 août 1893 (1).

La Chancellerie, pas plus que le ministère de la guerre (2), n'admet que le fils né en France et qui vient en France après sa majorité puisse être atteint par l'article 11 alinéa 2 de la loi militaire, s'il est encore dans les délais. Nous avons affirmé le contraire.

Pour elle, il ne sera pas obligatoirement inscrit. A qui peut-elle donc faire grief d'avoir opposé son extranéité, lors de l'appel sous les drapeaux à

---

(1) V. aussi une instruction du garde des sceaux aux préfets, rapportée par L'Esprit, *op. cit.*, p. 238, pièce F.

(2) Instruction du 4 décembre 1889, n° 23, *in fine*.

l'époque de la majorité, si ce n'est à l'individu de l'article 8, 4° C. civ., qui, dans sa pensée, a seul dû être appelé? Elle exige, lorsque le fils d'ex-Français est né en France, qu'il établisse quel était son domicile à sa majorité. Elle veut savoir s'il a été à même de devenir Français et s'il a refusé, pour échapper au service militaire. Le fils de l'ex-Français, s'il est né à l'étranger, n'a pas dû être porté sur nos tableaux de recensement, alors même qu'il eût résidé en France à sa majorité. Il n'a pu y être porté que par erreur, nous le savons. S'il a demandé sa radiation, il n'a encouru aucune déchéance, voilà pourquoi cette radiation importe peu à la Chancellerie. Elle n'admet pas que la loi table sur une erreur.

Nous avons montré déjà, quoique incidemment, que telle n'était pas, en effet, la pensée de la loi.

Comment raisonne-t-on dans l'opinion contraire?

On procède par élimination, en partant de cette donnée exacte que l'article 10 vise le fils du ci-devant Français, qu'il soit né en France ou à l'étranger.

S'il était né en France et s'il y avait été domicilié à sa majorité il est évident qu'il serait devenu Français, en vertu de l'article 8, 4° C. civ., sans avoir eu besoin de passer de déclaration. De même, pourrions-nous ajouter, s'il était déjà visé par l'article 8, 3°, il n'eût pas eu besoin de l'article 10 du Code civil.

Reste donc le cas où le fils né en France de l'ex-Français, était domicilié hors de France à sa majorité. Ce ne peut être de lui qu'il s'agit, ajoute-t-on, puisque le texte parle d'un individu domicilié en France lors de sa majorité. — On oublie qu'il peut venir en France dans le cours de sa 22e ou 23e année, en temps utile pour être saisi, comme fils d'étranger pouvant se prévaloir de l'article 9 du Code civil, par l'article 11 de la loi militaire.

Quant à l'enfant né à l'étranger d'un ci-devant Français, nos contradicteurs reconnaissent, comme nous l'avons fait, que la loi militaire ne l'atteint pas. Il ne pourra être porté sur les tableaux qu'après sa déclaration, en vertu de l'article 12.

« A quelque point de vue qu'on l'envisage, l'ar-
« ticle 10 aboutit donc à des impossibilités juridi-
« diques : pour lui découvrir une application bien
« incertaine et bien précaire, on est obligé d'admet-
« tre que l'individu né à l'étranger d'un ci-devant
« Français, a, par erreur et contrairement à la loi,
« été porté sur les listes du contingent militaire.
« Encore, la circulaire ministérielle du 23 août
« 1889, semble-t-elle exclure cette hypothèse (1) ».

(1) Weiss, dans Clunet, 1890, p. 24.

La réfutation de ce système nous semble résulter suffisamment de ce que nous avons déjà dit. Une simple remarque nous permettra de la compléter. Nous démontrerons plus loin que si, inscrit par erreur, cet enfant né à l'étranger d'un ci-devant Français acceptait de tirer au sort, il ne deviendrait pas pour cela Français par application de l'art. 9, § final. Nous savons par ailleurs qu'il ne pourrait le dèvenir par application de l'art. 11, loi militaire (V. supra, p. 70). La conséquence c'est qu'alors il ne pourrait pas être incorporé, tant qu'il n'aurait pas fait la déclaration de l'art. 9 C. civ., puisque l'art. 3, loi militaire, n'admet que des Français dans les troupes françaises. Le refus de tirer au sort opposé par notre jeune homme n'est donc qu'un rappel à l'observation des principes de la loi. Et l'on voudrait que ce soit précisément la loi elle-même qui lui en garde rancune ?

Revenons, pour l'enlever à nos adversaires, sur un argument dont la valeur très réelle semble détruire en partie notre système. Il consiste à remarquer que l'individu désigné dans l'article 8, 4° C. civ., quand il aurait excipé de son extranéité au moment de l'appel sous les drapeaux, ne pourrait pas songer à redevenir Français par l'article 10 du Code civil. Cet article s'adresserait à ceux qui n'ont jamais été Français. Seul, l'article 18 serait applicable à ceux qui déjà l'ont été, quand bien même ils seraient nés d'un ex-Français.

L'article 10, conclut-on, n'avait donc pas à craindre ici l'abus qu'il paraît avoir redouté.

Que l'article 10, dans la pensée des rédacteurs de la loi, ne s'adresse pas aux individus qui ont eux-mêmes été Français, cela ne paraît pas contestable.

Il n'en faut pour preuve que l'intervention de M. Lenoel, au Sénat. Le projet portait, comme déjà le Code civil de 1804, que le fils d'ex-Français « pourra *recouvrer* la qualité de Français ». L'honorable sénateur fit remarquer que ce terme était impropre et qu'il valait mieux dire *pourra réclamer* puisqu'il s'agissait toujours d'un individu qui ne devait pas avoir été déjà Français lui-même. L'observation ne souleva aucune protestation, et le texte de l'article 10 fut corrigé.

On a justement fait remarquer, de plus (1), que déjà sous le Code civil, le mot *toujours* de l'article 10 devait être entendu non dans le sens de l'anglais *still*, mais bien dans celui de l'anglais *always*. Il signifiait, comme l'a traduit le législateur de 1889, à *tout âge*, et non pas *nonobstant* la qualité de Français que l'intéressé aurait déjà eue, puis perdue.

Si le principe est exact et paraît devoir rallier

____

(1) Cf. art. de Montluc. dans *Rev. de dr. int.* 1895, p. 335.

tous les suffrages, il n'en est pas de même de ses applications. Spécialement, la question de savoir s'il s'appliquera à l'individu qui a répudié la qualité de Français en vertu de l'article 8, 4° C. civ., ou des textes qui y renvoient, peut dépendre du parti que l'on prend sur cette autre : la répudiation dont il s'agit efface-t-elle rétroactivement la qualité de Français ?

En dépit de l'article 17, 2° C. civ., on est loin d'être unanime pour dégager la pensée de la loi à cet égard.

Le point certain, c'est que le législateur a eu en vue des individus qui, domiciliés en France, se déclarent étrangers quand on veut les envoyer au régiment. La loi militaire les punit et déclare à jamais perdu pour eux le titre à la qualité de Français, qu'ils puisaient dans le fait de leur naissance en France.

Il ne faut pas qu'à la faveur de l'article 10 du Code civil, ils puissent, s'ils sont fils d'un ex-Français, se jouer de cette déchéance.

Tel est le danger qu'on a craint. On ne s'est pas rendu compte que, réel en ce qui touche les individus nés en France et atteints par la loi militaire sans l'avoir été par l'article 8, 4° C. civ., ce danger était peut-être illusoire quant à ceux qui devraient *répudier* pour échapper à la loi militaire.

A toutes fins, on a introduit dans l'article 10 du Code civil, la déchéance que l'on sait.

Ce procédé s'accommoderait bien de la *manière* que nos législateurs manifestent dans la loi tout entière. Œuvre d'expédients, cette loi se soucie avant tout de parer à des nécessités de fait. Elle pose, de ci, de là, une solution pour l'hypothèse qui se présente. Elle ne cherche pas toujours à concilier ces solutions entre elles, parce qu'elle ne voit pas les difficultés dans leur ensemble et se greffant l'une sur l'autre.

C. *De l'article 9, § final, C. civil.*

L'article 9, § final, C. civil est ainsi conçu : « Il « (le fils d'étranger) devient également Français « si, ayant été porté sur les tableaux de recense- « ment, il prend part aux opérations du recrute- « ment, sans opposer son extranéité. »

Cette disposition n'est que le développement d'une loi du 22 mars 1849, article 2. Cette loi per- mettait à tout individu né en France d'un étranger, de faire la déclaration prévue à l'article 9 ancien du Code civil, même après 22 ans. Mais il fallait, ou bien que l'intéressé servît actuellement ou eût servi jadis sous les drapeaux français, ou tout au moins qu'il eût pris part aux opérations du recrutement en France sans exciper de son extranéité.

Aujourd'hui, la participation aux opérations du recrutement emporte d'emblée, au profit du fils d'étranger, l'acquisition de la qualité de Français.

Qui peut se prévaloir de l'article 9, § final? C'est une question que les auteurs résolvent différemment.

On admet sans difficulté que peuvent se prévaloir de notre texte, les fils d'étrangers nés en France qui, au moment où ils parvenaient à leur majorité, n'étaient pas domiciliés en France.

Ces jeunes gens ne sont pas devenus Français en vertu de l'article 8, 4° C. civil. Au moment où on les inscrivait sur les listes de recensement militaire ils étaient étrangers. Inscrits, ils n'ont pas protesté en alléguant cette extranéité. Ils sont devenus Français.

Un point, cependant, reste obscur. Comment peut-il se faire que de tels individus qui, par hypothèse même, sont domiciliés à l'étranger lors de leur majorité, soient inscrits en France sur nos tableaux de recensement militaire?

Tout d'abord on peut supposer qu'au lendemain de ses 21 ans, l'étranger soit venu se fixer en France. Dans ce cas, la loi militaire fait un devoir à l'administration d'inscrire notre individu. Nous appliquons l'article 11, alinéa 2, loi militaire. Mais c'est en vertu de cet article 11 alinéa 2 qu'il deviendra Français. Ce cas est étranger à l'article 9, alinéa final du Code civil.

Il n'est pas indispensable de supposer l'installation en France du fils d'étranger pour expliquer qu'il puisse figurer sur les tableaux de recensement. Il suffit d'admettre que cette inscription est le résultat d'une erreur de l'administration. Le fils d'étranger étant, par hypothèse, en pays étranger dans l'année de sa majorité, aucun texte n'ordonnait ni ne permettait son inscription, pas plus l'article 11 de la loi militaire que tout autre. Si notre jeune homme est mis au courant de cette inscription et si, au lieu de se faire rayer ou plus simplement de s'abstenir comme il en a le droit, il vient prendre part aux opérations du recrutement auxquelles on le convie, ce jeune homme devient Français par application de l'article 9, alinéa final du Code civil.

Si, au lieu de supposer que l'administration fait erreur, nous la supposons agissant en connaissance de cause, le résultat sera le même. L'article 9, alinéa final, s'appliquera encore, car il dispose d'une manière générale, sans spécifier dans quelles conditions il exige que l'inscription ait été faite (1). Il ne faudrait pas cependant prendre à la

______

(1) Rabany « La loi sur le recrutement » t. I, p. 200-201.

lettre notre formule. Il est certain, par exemple, qu'un individu quelconque, né à l'étranger, ne pourrait pas profiter de son inscription sur les tableaux de recensement, pour participer à un âge quelconque aux opérations de recrutement, et se dire par là même Français. Les travaux préparatoires de la loi du 26 juin 1889 montrent qu'il a toujours été question du fils d'étranger né en France qui aurait été porté sur les tableaux de recensement, à un moment où il pouvait encore devenir Français moyennant une déclaration. Les termes mêmes de l'article 11 alinéa 2 de la loi militaire disant que le tirage au sort équivaudra à *cette déclaration* peuvent éclairer le commentateur.

L'administration ne pourrait donc pas, renouvelant un procédé déjà condamné par la Cour de cassation, prêter la main, qu'on nous passe l'expression, à un étranger qui songerait à devenir Français par le moyen expéditif et peu coûteux d'une participation plutôt nominale aux opérations du recrutement.

Il était d'usage, en effet, autrefois, quand l'administration se trouvait en présence d'un fils d'étranger qui lui paraissait intéressant et qui avait laissé passer sa vingt-deuxième année sans faire la déclaration de l'article 9, de le considérer comme un omis. A ce titre, il était inscrit sur les tableaux de

recensement. Il tirait au sort et se présentait au
conseil de révision, puis, fort de cette participation
tardive aux opérations du recrutement, il prétendait bénéficier de la loi de 1849 et devenir Français
par déclaration.

Ce procédé, disions-nous, a été formellement
condamné par la Cour de cassation (arrêt du 27 janvier 1869, aff. Siœn) (1).

Quid des fils nés en France d'un étranger et qui
auraient satisfait au recrutement pendant leur minorité ? Sont-ils devenus Français par application
de notre texte ? On admet, en général, l'affirmative. Le texte, font remarquer presque tous les par-
tisans de cette opinion, ne fait aucune distinction
qui tendrait à faire croire qu'il a en vue la seule
participation aux opérations du recrutement ac-
ceptée en majorité.

L'affirmative cependant ne va pas d'elle-même.
Contre elle, au premier abord, s'élèvent de sé-
rieuses objections qu'il convient de peser et d'examiner mûrement. M. Weiss (2) l'ébranle un moment quand il fait remarquer combien cette opinion
prête au législateur une inconséquence. Le législateur, dit-il, prend soin d'établir dans quelles
conditions il sera suppléé à l'incapacité du mineur

(1) Weiss, *Traité th. et prat.* I, p. 115.
Rabany *loc. cit.*, I, p. 210, note 2.
(2) *loc. cit.*, I, p. 119.

pour lui permettre de devenir Français dès sa minorité. Et l'on voudrait, que sans désemparer, il donnât à ce même mineur le moyen d'arriver au même résultat en se passant de son représentant légal, au besoin, en tournant ses résistances ?

Il ne nous répugnerait pas, quant à nous, de laisser une pareille singularité pour compte au législateur de 1889. Son œuvre n'a rien de la belle ordonnance et de l'harmonieuse symétrie d'une œuvre inspirée par les seuls principes juridiques : les incohérences s'y rencontrent en plus d'un endroit.

Il est cependant possible d'expliquer notre opinion sans en arriver là. Pour nous, le législateur pensait aux individus encore mineurs lorsqu'il écrivait notre texte. Sa place même à la suite de l'alinéa 10 n'en est qu'une preuve plus éclatante. Mû par la pensée de faire une situation avantageuse à ceux qui allaient, sans calcul, au-devant des charges les plus lourdes de l'indigénat français, le législateur a décidé qu'ils deviendraient ainsi de plein droit Français. Si l'on songe, d'autre part, que le jeune homme ne peut être inscrit avant 20 ans accomplis, qu'ainsi il sera arrivé à la veille de sa majorité quand il s'agira pour lui de tirer au sort, on comprend que le législateur ne se soit pas fait scrupule de négliger une incapacité qui va finir. Il est raisonnable d'exiger que l'enfant, peut-être à peine capable de vouloir, ne puisse, de lui-même, prendre une détermination au sujet de sa nationalité. Il paraît également sage, par contre, de supposer à un jeune homme de 20 ans une expérience suffisante pour peser les conséquences, au point de vue de sa nationalité, d'un acte que la loi française voit d'un œil favorable. Ne l'a-t-elle pas, aussi bien, autorisé à contracter à cet âge un engagement volontaire sans exiger l'agrément de ses parents (article 59, 6° de la loi militaire) ?

Telle est la seule réponse à faire à ceux qui nous objectent l'incapacité du mineur. On ne les a pas suffisamment réfutés si, au lieu de prendre nettement position comme nous le faisons, on cherche à établir, avec certains auteurs, qu'à vrai dire la participation du jeune homme aux opérations du recrutement ne se fera jamais sans l'assentiment tacite de son représentant légal. Quoi qu'on en dise, cet assentiment tel quel peut être quelquefois bien problématique en réalité. Il est exact que les parents ou les représentants des jeunes gens ont le droit d'être entendus lors de l'examen des tableaux de recensement fait en séance publique. L'article 16 de la loi militaire le leur donne. Encore faudrait-il qu'ils fussent au courant de ce qui se prépare. Ils le seront le plus souvent, mais on peut craindre que dans certaines occasions ils ne le soient pas, en dépit des publications des listes de recensement. Dans les grands centres surtout, ces publications passent inaperçues pour beaucoup d'intéressés.

A tout prendre, pourquoi la loi se contenterait-elle de cet assentiment tacite, en admettant même qu'il existât toujours chez le père du jeune homme ou chez son tuteur, ou surtout du côté de son conseil de famille?

L'explication, si elle a quelque valeur, et nous accordons qu'elle n'en est pas dépourvue, a besoin d'être expliquée elle-même. Il faut donc en arriver à notre explication première, qui se trouve par là augmentée de vraisemblance.

Reste à examiner comment il peut se faire que notre individu soit inscrit et participe au tirage au sort pendant sa minorité.

Les fils d'étrangers, qui à 20 ans ne sont pas encore définitivement Français, mais dont la nationalité se fixera dans l'année de leur majorité, ne sont pas obligés d'accepter leur inscription avant l'époque fixée par l'article 11 et que nous avons précisée plus haut.

L'obligation de les inscrire à 20 ans ne pèse même pas sur les maires.

Les circulaires annuelles leur recommandent au contraire de différer cette inscription.

Mais on conçoit que la situation particulière dans laquelle se trouve un jeune homme, au point de vue de la nationalité, échappe aux maires et à ceux qui jouent un rôle dans la confection des listes de recensement. Né dans la commune, d'un étranger, il sera noté avec tous ceux qui figurent sur le même registre des naissances. On l'invitera à fournir tous les renseignements qui doivent figurer sur les tableaux de recensement. C'est alors qu'il pourra établir sa qualité, en vue de faire reporter son inscription à l'année suivante. A défaut de cette preuve, ou même s'il accepte son inscription, celle-ci sera maintenue.

Pratiquement, on ne peut exiger de l'administration qu'elle s'enquière elle-même de la nationalité de chacun des jeunes gens susceptibles par leur âge d'être inscrits.

La confection des tableaux de recensement deviendrait une besogne presque impossible ; les réclamations d'ailleurs peuvent se produire soit lors du tirage au sort, soit devant le conseil de révision : l'administration peut s'en remettre aux intéressés pour les faire valoir.

Aujourd'hui, la situation de ce fils d'étranger prenant part aux opérations du recrutement bien qu'encore étranger, et en dehors de toute obligation résultant de la loi, pourra se présenter fré-

quemment dans les centres populeux voisins de la
frontière.

Il résulte même de tout ce que nous venons de
dire que l'erreur se produira au cours de la vingtième année du jeune homme, plus facilement
qu'après sa majorité.

Comment admettre dès lors que la participation
aux opérations du recrutement, si elle a lieu en
minorité, soit inopérante ? On empêcherait l'article 9 § final de fonctionner dans la plupart des
cas qui s'offrent comme son champ naturel d'application ! Ce serait le paralyser.

Les travaux préparatoires ne condamnent pas
notre solution, quoi qu'on en ait dit. M. Antonin
Dubost estime que le tirage au sort équivaut à
une déclaration sans distinguer entre celle qu'on
exige du majeur ou celle qu'on exige du mineur (1).

L'opinion adverse aboutit à des conséquences
pratiques désastreuses. En refusant la qualité de
Français au mineur qui a tiré au sort, elle ne l'en-
courage pas à accepter le traitement de tous les
Français : l'enrôlement dès la vingtième année.
Le fils d'étranger attendra jusqu'à la dernière mi-
nute l'expiration des délais dont il a le droit strict
de jouir. Est-ce remplir le vœu de la loi ?

(1) Rapport de M. Antonin Dubost. Impressions Chambre sess.
extraord. 1887, annexe n° 2.083.

Pour nous, le mineur peut se réclamer de l'article 9, alinéa final. Nous ne distinguerons même pas suivant qu'au moment où il a participé aux opérations du recrutement, il résidait ou non en France.

L'acquisition de la nationalité française en vertu de l'article 9 § final du Code civil sera définitive, qu'elle se produise en majorité ou en minorité.

Nous l'avons déjà dit plus haut. Nous y revenons, pour conclure que la loi, dans l'article 9 § final du Code civil, a donné à l'enfant né en France d'un étranger le moyen de devenir Français sans faire aucune déclaration.

Il lui suffira de demander au cours de sa 21ᵉ année à participer aux opérations du recrutement militaire. On doit, sur sa simple requête, déférer à son désir. Quelles raisons s'y opposent ?

L'administration de la guerre (1) ne trace pas aux autorités la ligne de conduite à tenir en présence des réquisitions que nous supposons.

Elle paraît n'admettre l'application de l'article 9 § final que dans le cas d'une inscription faite par erreur. Hors ce cas, elle exige de l'enfant mineur de l'étranger qu'il produise pour tirer au sort avec sa classe d'âge la déclaration de l'article 9, § 10, C. civil.

(1) Inst. du 4 décembre 1889, nº 21.

Cette façon de faire offre assurément des avantages pratiques. Elle coupe court à toute incertitude. Mais il ne faudrait pas que l'administration s'en tînt à cette pratique pour critiquer l'inscription faite à la demande d'un jeune homme qui ne produirait pas la déclaration préalable.

Il faut laisser libre carrière à l'article 9 § final du Code civil. Distinguer l'inscription requise de l'inscription faite par erreur, ce n'est pas obéir au texte lui-même et ce n'est pas davantage se conformer à la pensée de ses rédacteurs (1).

— A partir de quel moment cette option tacite fait-elle acquérir la qualité de Français ? La loi militaire, article 11 alinéa 2, décide que le tirage au sort équivaudra à la déclaration de l'article 9. Mais l'article 11 ne peut s'appliquer qu'au cas du majeur résidant en France où il est né, le seul

---

(1) Les circulaires ministérielles suivent, pour l'enfant Français sauf répudiation en vertu de l'article 8, 3° C. civ., les mêmes errements. Elles ne l'inscrivent avant sa majorité que s'il produit la déclaration modèle n° 7 prévue par la circulaire du garde des sceaux du 28 août 1893, n° V, déclaration par laquelle il renonce à la faculté de répudiation. Nous soutenons, ici encore, que l'inscription sur les tableaux de recensement doit être autorisée sur la demande de l'intéressé, et indépendamment de la déclaration dont s'agit. — Si l'on n'admet pas notre solution, comment fera-t-on pour permettre à l'enfant naturel reconnu de participer aux opérations du recrutement avant sa majorité ? L'administration n'a mis à sa disposition ni la formule modèle n° 7 ni aucune autre.

qu'il gouverne. Il donne au fils d'étranger le droit
de réclamer contre son inscription, soit lors du
tirage au sort, soit lors du conseil de révision.
A défaut des termes exprès de cet article, cela fut
résulté des articles 16 et 18 de la loi milit. La liste
de recrutement cantonal n'est définitivement arrêtée, sauf une exception sans intérêt pour nous,
qu'au moment où le conseil de révision a statué
sur toutes les réclamations qui peuvent s'élever
pour chacun des inscrits.

C'est seulement dans le cas où il ne réclame pas
que le tirage au sort équivaut pour lui à la déclaration de nationalité. Il n'est donc pas immédiatement Français dès le tirage au sort. Il ne le devient qu'après les opérations du conseil de révision, mais il le devient alors rétroactivement depuis
le jour du tirage au sort.

On transporte d'ordinaire cette décision de l'art.
11, loi milit., dans l'article 9, alinéa final du Code
civil. Nous ne le ferons pas.

Le langage qu'emploie le législateur dans la loi
militaire, d'une part, et dans la loi sur la nationalité, d'autre part, est différent. Il suffit pour la
première que l'intéressé ne réclame pas contre son
inscription, il devient Français. Dans la seconde,
il faut qu'il *prenne part* lui-même aux opérations
du recrutement.

La loi du 26 juin 1889 ne s'est pas contenté

d'une absence de réclamation, parce que, apparemment, elle a pensé que ce silence ne marquait pas suffisamment une volonté bien arrêtée chez l'intéressé de servir la France, et ainsi de mériter sa naturalisation. Ce silence s'explique peut-être par l'ignorance où il se trouve de ce qui se passe.

Cette ignorance, le législateur n'avait pas à la prévoir dans l'article 11, puisqu'il ne statuait que pour des individus résidant en France, qui, par conséquent, ne pouvaient pas ignorer. Si la loi sur la nationalité paraît avoir songé à l'ignorance où se trouveraient les jeunes gens intéressés, n'est-ce pas qu'elle suppose qu'ils peuvent être fixés en ce moment à l'étranger et n'être pas avertis en temps utile?

Elle exige que l'intéressé intervienne *personnellement* à ces opérations. S'il se présente au tirage au sort et au conseil de révision, pas de difficulté. Nulle difficulté non plus, s'il ne se présente ni au tirage au sort, ni devant le conseil de révision. Il n'a pas pris part, dans ce cas, aux opérations du recrutement ; même, si c'est sur sa demande qu'il a été recensé par le maire, ou si, sans aller jusqu'à demander lui-même son inscription, il a seulement fourni tous les renseignements nécessaires à cette inscription.

On pourrait dire cependant — arguant de ce qu'a paru exiger le Code civil : la manifestation d'une volonté non équivoque — que cette manifestation résulte suffisamment de la démarche tentée par l'intéressé. On ne l'a plus revu, ni lors du tirage au sort, ni lors des opérations du conseil de révision. Qu'importe? Cette abstention, après la démarche significative dont nous parlons, ne prouve pas forcément qu'il ne veuille plus accepter les charges du Français. Ce n'est pas à une abstention que se résignerait le fils d'étranger s'il se repentait de sa première résolution. Il arriverait plus sûrement à ses vues en opposant son extranéité. Aussi bien, la préparation des tableaux de recensement à laquelle il s'est prêté, est une opération du recrutement.

Ces raisons sont bien fortes, mais elles ne nous entraînent point. Les termes de la loi « si, ayant été porté sur les tableaux de recensement, il prend part aux opérations de recrutement... » nous semblent exiger de l'intéressé une participation plus active. Cette participation utile au point de vue de ce texte, nous semble ne commencer qu'après l'inscription, et les opérations que veut désigner la loi ne comprendre que : 1°) l'examen de ces tableaux fait dans la séance publique où il est également procédé au tirage au sort ; 2°) la séance du conseil de révision cantonal.

Quid, si après s'être présenté au tirage au sort et après avoir été admis à extraire un numéro de l'urne, conformément à l'article 17, loi mil., il ne se présente pas devant le conseil de révision qui, d'ailleurs, le déclare bon absent? ou si inversement, sans s'être présenté au tirage au sort, il se présente au conseil de révision qui le maintient sur la liste de recrutement? Il nous semble que, dans ces deux cas, il a suffisamment répondu au vœu de la loi, en ce qui concerne l'intervention personnelle qu'elle exige de lui.

Il importe de bien fixer les idées sur un autre point. D'un côté, la participation aux opérations de recrutement n'est acquise qu'à la clôture de ces opérations, c'est-à-dire, au moment où le conseil de révision s'est prononcé et a arrêté la liste définitive de la classe.

D'un autre côté, prendre part à ces opérations, ce n'est pas seulement se présenter à l'appel de son nom devant l'assemblée du tirage au sort ou du conseil de révision, c'est être admis effectivement par elle, comme appelé appartenant à la classe de recrutement formée. Il faut, autrement dit, pour que le jeune homme soit considéré comme ayant pris part aux opérations du recrutement que, lors du tirage au sort, un numéro ait pu être extrait de l'urne par lui ou en son nom, et que le conseil de révision l'ait inscrit sur une des sept parties de la liste de recrutement cantonal, (article 33, loi militaire), ou sinon exempté con-

formément à l'article 20. Alors il a véritablement
pris part aux opérations du recrutement, les ayant
subies tout entières pour ce qui le concerne. Nous
tirerons de là plusieurs conséquences.

Ainsi, lorsqu'il se présente à l'appel de son nom
devant le sous-préfet lors du tirage au sort, le
jeune homme n'y a encore pris aucune part utile.
Le sous-préfet qui s'apercevrait de l'erreur commise pourrait immédiatement le rayer des tableaux. Le jeune homme ne pourrait pas contester
la validité de cette radiation, sous prétexte que sa
qualité d'étranger, sur laquelle elle est basée, serait
disparue par le fait même qu'il s'est présenté pour
extraire un numéro de l'urne. Cette solution ne
paraît pas sérieusement contestable. Modifions un
peu l'hypothèse. Supposons que notre jeune
homme ait tiré au sort. Le conseil de révision devant lequel il se présente, s'aperçoit que c'est par
erreur que ce fils d'étranger a été inscrit. Le conseil de révision pourra-t-il ordonner sa radiation ?
La question peut offrir de l'intérêt pour l'administration : il suffit de supposer qu'elle soit en présence d'un individu dont l'admission au nombre
des Français ne lui paraît pas souhaitable.

Après ce que nous avons dit, l'affirmative ne
fait pas doute. En vain, prétendrait-il qu'ayant
participé au tirage au sort, après avoir été porté
sur les tableaux de recensement sans qu'il ait à

aucun moment excipé de son extranéité, il est devenu Français par application du texte que nous commentons, qu'on ne peut plus dès lors lui reprocher son extranéité. Il a très certainement participé au tirage au sort, mais a-t-il en prenant part ainsi à l'une d'elles, participé *aux opérations* de recrutement, dans le sens que la loi semble attacher à ces expressions ? La réponse nous paraît devoir être négative.

Il n'est donc pas juste de dire, comme le disent, en général, les auteurs qui transposent purement et simplement la règle de l'article 11, alinéa 2 de la loi milit., que l'acquisition de la nationalité française résultant de notre texte, se place au jour du tirage au sort. Nous ne la plaçons qu'au jour où, le conseil de révision cantonal ayant définitivement statué à son égard, comme s'il était valablement appelé, ayant été valablement inscrit, on peut dire de lui qu'il a réellement pris part aux opérations de recrutement (1).

Cette différence de traitement s'explique. Dans la loi militaire, le législateur s'occupe d'individus dont il ordonne l'inscription, que l'administration

(1) La distinction entre l'inscription obligatoire faite en vertu de l'article 11 § 2 de la loi militaire et l'inscription faite par erreur que vise l'article 9, § final du Code civil, est pressentie, sans être formellement affirmée dans un arrêt de Caën du 17 juin 1896. Clunet 1897, p. 565. V. cet arrêt qui statue conformément à notre opinion.

ne peut donc pas rayer. Dans le Code civil, au contraire, il s'agit d'individus portés par erreur, erreur que l'administration peut toujours réparer en rayant l'inscription indûment faite.

Au cas où le fils d'étranger visé par l'article 9 du Code civil est inscrit obligatoirement, l'administration, disons-nous, ne peut le rayer des tableaux de recensement aussi longtemps qu'il continue à résider en France.

Rappelons qu'aux termes de certains arrêts récents elle peut, en usant du droit d'expulsion (loi du 3 décembre 1849, art. 7), rendre cette résidence en France désormais illégale.

La théorie de ces arrêts est fortement combattue (1). Dans notre espèce, une fois de plus, elle serait très avantageuse en pratique. Elle empêcherait en fait que le fils d'étranger dont s'agit, puisse acquérir notre nationalité à la faveur de la loi militaire.

D'autre part, notre façon de comprendre l'article 9 § final du Code civil, s'allie heureusement avec les tendances à la réaction accusées par la loi du 22 juillet 1893. On s'est aperçu que l'administration, lorsqu'elle avait les preuves de l'indignité du déclarant, devait pouvoir lui interdire l'accès de notre cité.

(1) V. pour l'étude de la question les arrêts et les auteurs cités dans Clunet, 1897, page 564, note.

Ces trois sortes de décisions concordent parfaitement ; elles autorisent, sur toutes les voies qui mènent à notre nationalité, le contrôle des autorités compétentes.

Nous avons admis sans discuter que les jeunes gens portés par erreur sur les tableaux de recensement avaient le droit de réclamer contre cette inscription. L'article 9 du Code civil suppose d'ailleurs qu'ils peuvent opposer leur extranéité.

La preuve de l'illégalité de leur inscription résultera de la simple production de pièces établissant la nationalité et le lieu de naissance du père, la filiation du fils. Il ne pourra être exigé de ce dernier les preuves de l'article 8, 4° du C. civ. par la raison que cet article ne l'a pas atteint.

L'article 11, alinéa 2, loi militaire, ne s'appliquant pas à nos hypothèses, nous le savons, il en résulte que le refus de participer aux opérations du recrutement, en conséquence d'une inscription qu'ils considèrent comme illégale, n'entraînera pas pour les intéressés l'impossibilité de se prévaloir plus tard de l'article 9, C. civ., s'ils sont encore dans les délais.

Ce refus, se basant en somme sur la loi, ne pourrait même pas être retenu par le Conseil d'Etat, comme entraînant l'indignité du déclarant. Observons enfin que si c'est un mineur qui a réclamé contre son inscription prématurée, il n'aura même pas de déclaration à faire, s'il réside en France à 21 ans, car, malgré le refus dont s'agit, il n'en sera pas moins atteint par l'article 8, 4° C. civ.

Le moment est venu d'examiner la question que nous avons annoncée (1). Le fils de l'ex-Français ou le fils majeur de l'étranger qui a obtenu par naturalisation la nationalité française, peuvent-ils devenir Français, si, ayant été portés par erreur sur les tableaux de recensement, ils prennent part aux opérations du recrutement, sans opposer leur extranéité ?

S'ils sont nés en France, ils prétendront à l'application de l'article 9, § final, en tant que fils d'étrangers nés en France, et leur situation sera celle que nous venons d'examiner. La question qui se pose, est celle de savoir si, en leur seule qualité de fils d'ex-Français ou de fils majeurs de naturalisés, ils pourront se prévaloir de notre disposition. Nous les supposons donc nés à l'étranger. La question vient naturellement à l'esprit, en présence de l'article 10 C. civ. d'une part, qui, visant textuellement l'individu né en France ou *à l'étranger* d'un ex-Français, lui permet de réclamer à tout âge la qualité de Français « *aux conditions fixées par l'article 9...* », de l'article 12 C. civ.,

(1) *Supra*, p. 60.

d'autre part, qui, sans distinguer s'ils sont nés en France ou à l'étranger, permet aux enfants majeurs lors de la naturalisation de leur père, d'obtenir, s'ils le demandent, la qualité de Français « *comme conséquence de la déclaration qu'ils feront dans les termes et sous les conditions de l'article 9.* »

En ce qui concerne ces derniers, poser la question, c'est la résoudre. Ils ne le peuvent pas. Il n'est pas question dans la loi de les autoriser à devenir Français en prenant part aux opérations du recrutement, mais bien en passant la *déclaration* de l'art. 9. (art. 12 § 2. C. civ.,) D'autre part, en écrivant la disposition finale de l'article 9, le législateur songeait aux jeunes gens nés en France. Les travaux préparatoires ne peuvent laisser aucun doute à cet égard.

S'ils résident en France, leur inscription se fera, mais en vertu de l'article 11, alinéa 2 de la loi militaire, s'ils sont encore dans les délais, nous l'avons vu plus haut.

Arrivons à l'enfant de l'ex-Français. On conçoit d'autant plus facilement l'inscription de cet individu, qu'on peut *utilement*, à la différence de ce qui se produisait dans le cas précédent, supposer que cette inscription ait été faite au lendemain de sa 20e année. Ne peut-il pas, à tout âge, réclamer la qualité de Français dans les termes et suivant les conditions de l'article 9? Mais, précisément, ces expressions elles-mêmes font allusion à la déclaration explicite dont il est question aux premiers alinéas de l'art. 9, C. civ. Dans l'article 9, § final, l'individu qui prend part aux opérations de recrutement alors qu'il pourrait s'y soustraire, n'a pas besoin de *réclamer* la qualité de Français sous certaines conditions, il *devient* Français.

Cette différence de langage est devenue plus saisissante depuis la loi du 22 juillet 1893. Toutes les conditions accomplies, on n'est pas sûr que la réclamation de la qualité de Français aboutira. Au contraire, l'inscription sur les tableaux de recensement suivie de la participation — telle que nous l'avons entendue — aux opérations de recrutement, confère toujours la qualité de Français à l'intéressé, si l'alinéa final est applicable.

Les travaux préparatoires établissent à l'évidence la justesse de notre solution.

Nous le disions en commençant, l'alinéa final de l'art. 9, C. civ., procède de la loi du 22 mars 1849, laquelle n'attachait effet à la participation aux opérations de recrutement que s'il s'agissait de l'enfant né en France d'un étranger. Le rapport de M. Antonin Dubost (1) ne peut laisser aucun doute

(1) Impressions, Chambre, sess. extraord. 1887, annexe n° 2083.

sur ce point et celui que M. Batbie avait déposé au Sénat, le 4 novembre 1886, était peut-être plus affirmatif encore (1).

SECTION II

De ceux qui deviennent définitivement Français à un âge quelconque.

Nous rangeons dans cette catégorie les naturalisés, les réintégrés, ceux qui deviennent Français en vertu d'une déclaration, en un mot tous ceux qui ne sont obligés au service militaire que par l'article 12 de la loi militaire.

Ce texte comble une lacune souvent signalée et souvent regrettée sous l'empire de la loi du 27 juillet 1872. L'article 9 de cette loi n'astreignait au service militaire ni le naturalisé ou réintégré, ni même le fils du ci-devant Français lorsqu'il avait fait la déclaration de l'article 9 du Code civil (2).

Pour les réintégrés, cela n'avait pas beaucoup

(1) Impressions, Sénat, sess. extraord. 1886, annexe n° 19.
(2) Cf. Circul. du préfet de la Seine du 23 décembre 1876, dans Clunet, 1888, p. 376.

d'importance, ils avaient, en général, satisfait à 20 ans, à la loi militaire.

Mais pour les étrangers naturalisés, l'injustice était criante. Ils échappaient à tout service militaire en France. Pour eux, les lourdes charges que la loi militaire imposait aux Français n'existaient pas.

Ils n'étaient inscrits sur les tableaux de recensement (1) que sur leur demande expresse. Aujourd'hui les naturalisés et les réintégrés sont atteints par le recrutement. Ils doivent figurer sur les tableaux de recensement formés après leur nationalisation en France.

Pratiquement, c'est le maire qui les y portera d'office. Ce magistrat est en effet chargé de remettre à l'intéressé l'ampliation du décret qui le naturalise ou le réintègre dans la qualité de Français (2).

L'administration lui recommande de relever avec soin tout ce qui a trait à l'état civil de l'impétrant et même de ses enfants mineurs, de consigner aussi la date du changement de nationalité (3).

Est-ce à dire que l'intéressé ne soit pas lui-

(1) Cf. Rabany, *loc. cit.*, I, p. 235 ; Clunet, 1888, p. 376.
(2) Inst. du 4 décembre 1889, n° 22 *in fine.*
(3) Cf. Octave Stemler, dans Clunet, 1890, p. 405, *in fine.*

même obligé de veiller à son inscription ? Ce serait une erreur de le croire.

Le principe (article 10, 1°) c'est que tous ceux qui se trouvent atteints par la conscription doivent eux-mêmes provoquer leur inscription au moment où la loi militaire les réclame.

S'ils ne se font pas inscrire en temps voulu, ils encourent les peines et déchéances de l'omission.

Sans vouloir traiter ici de l'omission en matière de recrutement, il nous faut insister quelque peu.

La peine qui atteint principalement l'omis est dans ce fait que la loi le considère comme ayant eu 20 ans dans l'année de l'omission. Elle l'inscrit avec les jeunes gens de la classe. Il fait son service actif, puis passe dans les réserves, en même temps que ces derniers. Tel est le principe.

Il y a une méprise qu'il faut éviter quand il s'agit de l'appliquer aux omis de l'article 12.

Ces omis sont inscrits avec la classe de l'année où l'omission a été découverte, mais quel temps de service pourra-t-on leur réclamer ?

MM. Le Sueur et Dreyfus qui se posent la question se servent pour y répondre d'un langage dont nous n'avons pu percer l'équivoque. Il nous a semblé qu'ils réclamaient du naturalisé omis un temps de service égal au temps que doivent les naturalisés portés régulièrement sur les tableaux de recensement après la découverte de l'omission (1). Ainsi, soit un individu naturalisé en 1890. Il aurait dû tirer au sort en 1891. S'il ne l'a pas fait, et qu'on découvre cette omission en décembre 1897, on l'inscrira immédiatement avec les jeunes gens de la classe 1897 et avec les individus naturalisés en 1897. Il tirera au sort en 1898 et marchera avec la classe à laquelle appartiennent ces individus naturalisés en 1897. Cette conséquence a-t-elle été réellement admise par ces auteurs? Il importe peu. Retenons le système.

Son insuffisance dans la pratique saute aux yeux. Ne peut-il pas se faire, en effet, qu'en 1897 aucun cas de naturalisation ou de réintégration ne se soit produit dans la commune, ni dans le canton? S'il s'en est produit, ce n'a été peut-être qu'au profit d'individus à l'abri de toute obligation militaire, soit par leur sexe, soit par leur âge, ou au profit d'individus devant appartenir par leur âge à une classe antérieure à la classe d'âge de notre omis.

Son omission lui profiterait-elle dans tous ces cas? Bien plus, les individus inscrits en 1898 en vertu de notre article 12 peuvent être un certain nombre. Ils seront vraisemblablement d'âge iné-

---

(1) *La nationalité*, p. 235. — Il va sans dire que nos observations ne sont pas spéciales aux naturalisés omis. Il faut les étendre aux réintégrés (arg. art. 12 loi milit.)

gal. La durée de service incombant à chacun variera. Comment, dès lors, fixer celle qu'on réclamera de notre omis?

Cette formule n'est du reste pas plus fondée en droit qu'elle n'est satisfaisante en pratique.

L'expression « jeunes gens », dont se sert l'article 15, peut, il est vrai, donner à penser que l'article 15, en traitant des omis, ne vise que les individus qui auraient dû être inscrits à 20 ans, sans s'occuper des individus omis, mais qui auraient dû être inscrits en vertu de l'article 12. Ce serait alors à l'interprète à régler l'omission des naturalisés, par analogie de ce que la loi décide dans l'article 15 pour les jeunes gens qui étaient Français à 20 ans. Ainsi peut-on expliquer que le système séduise l'esprit au premier abord. Mais il est sans base sérieuse. La loi en parlant des jeunes gens qui ont été omis dans les tableaux de recensement des années précédentes, ne désigne pas plutôt les individus âgés de 20 ans que les individus plus âgés. L'article 15 vient après les articles 10, 11 et 12, il s'occupe de tous ceux qui, devant être inscrits au moment que la loi vient de préciser dans ces articles, ne l'ont pas été.

Or, rien n'indique que la pensée de la loi ait été de faire aux individus de l'article 12 un régime spécial basé sur une prétendue analogie. Le naturalisé omis suivra rigoureusement le sort de la classe avec laquelle il tire au sort.

Dans l'exemple que nous avons choisi, il recevra un ordre de route comme tous les jeunes gens appelés. Il passera trois ans sous les drapeaux, dans le service actif. Il fera ensuite, au besoin, les périodes de vingt-huit jours ou de treize jours, d'après les ordres de l'autorité militaire.

Toutefois, il doit être libéré définitivement de toute obligation militaire et rayé des contrôles de l'armée dès qu'il aura atteint 48 ans accomplis.

Si même l'omission n'est découverte qu'à un moment où il n'est plus possible de l'inscrire, sans qu'il atteigne 45 ans avant la clôture des tableaux de recensement, c'est-à-dire avant le tirage au sort, l'omis ne peut être inquiété (1).

Telle est la loi et certains bureaux de recrutement, paraît-il, l'ont appliquée dans toute sa rigueur.

Des ménagements seraient cependant désirables dans bien des cas. N'est-il pas rigoureux, à la suite d'un simple oubli souvent excusable chez les naturalisés, de les envoyer pendant trois ans au régiment en les arrachant à leur famille, alors que de par leur âge ils n'auraient pas dû être incorporés

(1) Instruction du 4 décembre 1889, n°ˢ 51, 55 et 27.

dans l'armée active. Manifestement, la mauvaise foi ne peut guère être présumée chez eux dans cette occurrence (1).

Les raisons qui légitiment les peines attachées par la loi à l'omission, n'existent pas alors. La loi a voulu punir celui dont l'omission aurait pour résultat de ne pas l'astreindre au temps de service actif qu'il aurait dû normalement accomplir. On pourrait donc ne pas tenir rigueur de son omission à celui qui, lors de sa naturalisation, devait par son âge appartenir à.une classe déjà passée dans les réserves.

Cette indulgence est effectivement recommandée par le ministre de la guerre (2).

Inscrits régulièrement, les individus de l'article 12 de la loi militaire suivront le sort de leur classe d'âge.

, « Cela veut dire, disait M. Margaine, au Sénat,
« que, quand un individu qui a atteint, par
« exemple, l'âge de vingt-cinq ans, se fait natura-
« liser cinq ans après l'époque où a été dressé le

---

(1) Surtout si c'est un Français réintégré qui a été omis. Le plus souvent il aura déjà accompli toutes ses obligations militaires dans l'armée active, étant donné qu'il n'a pu perdre notre nationalité que dans les conditions de l'art. 17-1° C. civ.

(2) Lettre au préfet de la Seine, du 28 mars 1892. Reproduite dans *L'Esprit, op. cit.* p. 128. *Add. circul. du ministre de la guerre,* du 2 mars 1893 dans Clunet, 1894, p. 624.

« tableau de recensement de la classe à laquelle il
« devait appartenir par son âge, il est inscrit sur
« le tableau de recensement dressé postérieure-
« ment à l'époque de sa naturalisation et il n'est
« assujetti qu'aux obligations de la classe qui a
« tiré cinq ans auparavant. »

Une question se pose. Faut-il dire, à raison de
cet alinéa 2 de l'article 12 de la loi militaire, qu'à
tous les points de vue, notre individu sera considéré comme ayant satisfait aux obligations de sa
classe d'âge, nées antérieurement au changement
de nationalité ?

Le Conseil d'État s'est prononcé sur cette question, dans les circonstances suivantes. Un jeune
homme, fils d'étranger, avait tiré au sort après sa
vingt-unième année. Au conseil de révision, il ré-
clama le bénéfice de la dispense attachée à la
présence d'un frère au service (article 21, 5°). Mais
il se trouva que son frère allait être déjà renvoyé
dans la réserve au moment où lui-même serait incorporé. Sa demande ne pouvait être accueillie,
puisque d'après la règle en vigueur à cette
époque (1), le frère devait encore être sous les
drapeaux lors de l'incorporation du conscrit. Mais
il soutenait que, tout en ne devant être incorporé
qu'avec la classe avec laquelle il avait tiré au sort,

(1) Instruction du 28 mars 1890, n° 81.

il faisait cependant partie de sa classe d'âge aux termes de l'article 12, alinéa 2, de la loi militaire, qu'il devait donc être considéré comme ayant été incorporé l'année précédente, à un moment où son frère n'était pas encore passé dans la réserve. Aussi, disait-il, la dispense devait lui être accordée. Le Conseil d'État, n'admit pas cette manière de voir (arrêt du 1er mars 1895) (1).

Pour le Conseil d'Etat, en définitive, le fils d'étranger désigné par l'article 12, al. 2, de la loi militaire, doit être considéré, au point de vue de cette dispense, comme appartenant à la classe avec laquelle il tire au sort.

C'est ce principe que nous devions mettre en lumière. Il subsiste depuis les modifications introduites par des lois récentes dans l'article 21, 5° de la loi militaire (2).

Nous en déduirons, entre autres conséquences, que les jeunes gens de l'article 11 et 12 peuvent bénéficier des différentes dispenses de l'article 21, même si le motif en est survenu après la formation de leur classe d'âge, pourvu qu'il existe au moment où normalement ils participent aux opérations du recrutement (3).

(1) Rapporté dans Saumur, p. 260 ; dans Clunet, 1897, p. 117.
(2) Notamment la loi du 13 mars 1896.
(3) Cf. en ce sens, Inst. du 28 mars 1890, n° 132.

Ils auront intérêt à faire valoir ce motif, même s'ils n'avaient qu'un an de service à faire. La loi du 13 mars 1896, réserve, en effet, à celui des deux frères qui a le titre de dispensé, la faculté de n'être incorporé qu'après le temps de service obligatoire de l'autre frère (1).

Au point de vue de la taxe militaire, l'article 12, alinéa 2, soulève également une difficulté.

Le fils d'étranger, doit-il la taxe à raison de ce qu'en fait, il bénéficie toujours d'une dispense d'au moins une année, quelquefois d'une dispense totale de service effectif dans l'armée active?

Nous pensons que non. Pour prendre un exemple, qu'on suppose un individu obtenant à 30 ans un décret de naturalisation. Il est bien certain qu'il ne sera pas assujetti aux obligations du service militaire dans l'armée active. Lui fera-t-on payer la taxe ? Sans doute, l'article 35, § 1, réclame ce paiement de celui qui, pour *un motif quelconque*, benéficie de l'exonération du service dans l'armée active.

Mais peut-on dire que notre nouveau Français soit *exonéré* de quoi que ce soit ? N'est-il pas plus vrai de dire qu'il n'a jamais dû le service dans l'armée active, ni avant sa naturalisation puisqu'il n'était pas Français (articles 1 et 3 comb.), ni

____

(1) Saumur, p. 225.

après puisque l'article 12, alinéa 2, ne lui impose que l'obligation de servir dans la réserve ?

Aux termes de l'article 37 du décret du 24 février 1894, l'homme qui a satisfait en Algérie à la loi du recrutement n'est pas soumis à la taxe militaire. Il n'a cependant fait qu'une année de service.

L'administration considère qu'il n'a été exonéré en aucune façon, mais, bien plutôt, qu'il n'a jamais pu devoir un temps de service plus long que celui qu'il a donné au pays.

Comment, dès lors, ce qui est vrai de l'un, ne le serait-il pas de l'autre (1).

Peu importe que la naturalisation ait été obtenue après un stage ou non (art. 8, 5°, 12 § 2 et 18 C. civ.). Il est cependant un cas de naturalisation obtenue sans stage préalable, que nous devons isoler. C'est celui du fils mineur naturalisé par décret, à la suite de la réintégration obtenue par sa mère survivante, laquelle n'avait perdu la nationalité française que par son mariage (art. 19 C. civ.).

Il sera inscrit sur les tableaux de sa classe d'âge,

____

(1) Cf. dans ce sens, L'*Esprit*, p. 131.

Un projet de loi a été récemment déposé par M. Cochery, ministre des finances réformant la législation de la taxe militaire. Elle assujettirait désormais les individus bénéficiant des articles 11 et 12 de la loi sur le recrutement. V. à ce sujet, un article dans le *Petit Journal* du 4 décembre 1897.

c'est-à-dire au mois de janvier qui suivra l'époque de sa vingtième année. C'est donc l'article 10 et non l'article 12 qui, la plupart du temps, atteindra ce naturalisé.

A propos des individus devenus Français par déclaration, il y a lieu de remarquer, après tout ce que nous avons déjà dit, que l'article 11 de la loi militaire, a singulièrement restreint l'application de l'article 12. Parmi ceux qui ne seront obligés au service militaire qu'en vertu de notre texte, nous pouvons citer l'enfant né à l'étranger d'un ci-devant Français (Voir aussi *suprà*, p. 54).

Il ne faut pas perdre de vue que l'article 10 de la loi militaire pourra même seul être applicable, chaque fois que la déclaration aura été passée avant la formation de la classe d'âge de l'intéressé.

Insistons quelque peu sur ces déclarations pas sées en minorité.

Elles apparurent pour la première fois en France avec la loi du 16 décembre 1874.

L'article 2 permettait au fils d'étranger né en France d'un étranger qui lui-même y est né de re- noncer, en minorité, à la faculté que lui donnait l'article 1 de répudier la nationalité française.

La loi du 14 février 1882 admit plus tard les enfants dont le père avait été naturalisé ou réin- tégré Français pendant leur minorité, à devenir eux-mêmes Français avant 21 ans, en faisant, du consentement exprès et spécial de leur représentant légal, la déclaration de l'article 9 du Code civil. Enfin, une autre loi du 28 juin 1883 admit à la même faveur les enfants encore mineurs, dont la mère, Française avant son mariage avec un étranger, s'était fait réintégrer ou était morte pendant son veuvage.

La législation antérieure à 1889 n'avait cependant organisé cette acquisition en minorité de la nationalité française, qu'en vue de faciliter à ces fils d'étrangers la carrière militaire, soit qu'ils voulussent s'engager, soit qu'ils voulussent entrer dans les écoles du gouvernement, ce qui visait surtout nos écoles militaires.

La loi nouvelle est plus large. Peu importe le mobile qui pousse le fils d'étranger, celui-ci, bien que mineur, peut devenir Français par déclaration (1).

Cette déclaration, aujourd'hui encore, est susceptible de deux formes distinctes, celle d'une réclamation de la qualité de Français, celle d'une renonciation au droit de la répudier.

On a contesté la légalité d'une déclaration faite sous cette dernière forme. La loi du 26 juin 1889 n'a pas nommément indiqué ce moyen de devenir

____

(1) Remarquons que le consentement personnel de l'enfant n'est plus exigé depuis 1889. Il l'était sous le régime antérieur.

Français. L'article 11 du décret du 13 août 1889 qui l'organise, paraît donc sortir du domaine que le législateur (article 5) avait abandonné à l'initiative présidentielle. Il paraît être illégal.

Au fond, il est bien difficile de soutenir qu'il ne l'est pas (1). En théorie, nous admettons que le droit de renoncer à la faculté de répudiation doit être donné au majeur qui veut, sans plus tarder, s'assurer le bénéfice de la nationalité française. Il est dans l'esprit de la loi de le lui accorder, puisque l'individu qui n'est pas domicilié en France à l'époque de sa majorité et dont la situation est bien moins favorable, peut, avant sa vingt-deuxième année, par une déclaration qui sera irrévocable, s'assurer définitivement la qualité de Français (2).

Aller plus loin et reconnaître ce droit de renonciation aux représentants du fils d'étranger encore mineur, c'est peut-être entrer beaucoup

______

(1) Audinet. *La nationalité française dans les colonies*, Clunet 1898, p. 30.

Cet auteur fait justement remarquer que cette renonciation à la faculté de répudiation est également autorisée par le décret du 7 fév. 1897 applicable aux colonies, dont la légalité, à ce point de vue, ne saurait faire de doute.

Nous ferons, en ce qui concerne la renonciation faite au nom du fils mineur d'un père belge, la même observation. L'art. 11 du décret se trouve sanctionné par la loi qui approuve la convention franco-belge. Voir l'art. 3 de la dite convention.

(2) Aubry et Rau. *Cours de droit civil*, 5° édit. t. I, page 372, note 35.

moins dans les vues du législateur. Au reste, dans le cas des articles 12 et 18 du Code civil, on conçoit cette renonciation. La faculté de répudier est dès maintenant acquise, l'exercice seul en est retardé. Il en est autrement de cette renonciation, lorsqu'elle intervient au nom d'un individu qui puise dans sa naissance seule la vocation à la nationalité française. Ce jeune homme n'a pas encore cette faculté de répudiation, et la possibilité de l'avoir jamais est une situation qui échappe à l'appréciation juridique.

Cette renonciation à un droit qu'on n'aura peut-être jamais, n'est-elle pas étrange (1) ?

Rien d'étonnant que l'administration chargée de mettre cette renonciation à la disposition des fils d'étrangers en en préparant la formule, ait eu recours, dans le cas d'un jeune homme né en France et dont le père est resté étranger, à un procédé qui rappelle celui des chimistes. Ne pouvant isoler ce produit nouveau qu'on lui demandait, elle l'a servi à l'état d'alliage. Il n'est question, dans les circulaires du garde des sceaux et dans les modèles y annexés, que d'une déclaration par laquelle, tout à la fois, on réclame la qualité de

____

(1) Baudry-Lacantinerie et Houques-Fourcade. *Tr. des Personnes*, p. 273, n° 410 et les auteurs cités à la note. — Cf. l'explication qu'en donne M. Gruffy dans Clunet 1894, p. 474.

Français et on renonce « en tant que de besoin, au droit éventuel de répudier cette qualité à l'époque de la majorité ».

Elle s'est empressée de procéder par analogie. Le jeune homme de l'article 12, § 3 et celui de l'article 18 du Code civil, ont tous deux la qualité de Français. Ils peuvent répudier et on conçoit qu'ils renoncent à cette faculté, avons-nous dit.

Faisons, s'est dit l'administration, que le fils d'étranger né en France et qui ne pourra répudier qu'à 21 ans, n'étant Français qu'à partir de cet âge, devienne Français tout de suite, et il pourra répudier tout de suite !

L'explication que nous donnons de cette déclation hybride, n'est pas la seule qui ait été proposée. Les auteurs qui soutiennent que la déclaration de l'article 9, § 10 n'est pas irrévocable, mais laisse, au contraire, au jeune homme devenu majeur le droit de répudiation (art. 8, 4° C. civ.), ne s'accommodent que d'une autre explication. Pour eux, la formule a pour utilité de compléter la réclamation faite en vertu de l'article 9, § 10, du Code civil.

On peut contester, et on conteste très ardemment, l'opinion qui édifie cette explication de notre formule pour s'y retrancher. Tout le monde n'admet pas que la réclamation de la qualité de Français faite conformément à l'article 9, § 10, ne fasse pas acquérir cette qualité définitivement et irrévocablement. Cette opinion, en tous cas, ne nous semble expliquer cette formule, qu'à la faveur d'une pétition de principe.

Si, comme nous le croyons, on ne légitime l'article 11 du décret, qu'à raison de la déclaration admise par l'article 9, § 10, C. civ., le premier texte ne peut dans ses effets aller au-delà du second. Partant, si dans l'article 9, § 10, la loi n'admet qu'une naturalisation provisoire, le décret n'est fondé à organiser dans son article 11 qu'une renonciation également provisoire. On n'est pas admis à soutenir, comme on le fait, qu'elle a pour résultat de rendre définitive la nationalité française acquise par l'article 9, § 10 du Code civil.

Peu importe, au surplus, la genèse des errements administratifs. Puisqu'ils existent, il arrivera en fait que le jeune fils d'étranger, devenu définitivement Français dès sa minorité, devra concourir au tirage au sort après sa vingtième année.

Sur ce point, les instructions du Ministre de la guerre manquent de netteté. C'est ainsi qu'il exige (1) par exemple, des fils d'étrangers visés par l'article 12, § 3, ou par l'article 18 C. civ., lors même qu'ils auraient renoncé à la faculté de répu-

____

(1) *Circulaire* du 12 août 1893. *B. Off.* p. 41 et *Circul.* du 8 décembre 1893. *B. Off.* p. s. p. 245.

diation, une demande écrite pour autoriser leur inscription sur les tableaux de recensement après leur vingtième année.

Pourquoi ne pas décider que cette inscription sera obligatoire? L'individu qui a renoncé à la faculté de répudiation, n'est-il pas définitivement Français? Ne l'est-il pas au même titre que le jeune homme qui sera devenu Français conformément à l'article 9, § 10 et qui a renoncé lui aussi dans la déclaration qu'il a passée? La même circulaire ordonne cependant pour ce dernier l'inscription d'office dès la formation de la classe à laquelle il appartient par son âge.

Ces indécisions et ces tâtonnements sont la conséquence des divergences auxquelles nous avons fait allusion et qui règnent dans la doctrine. Il faut s'en tenir, selon nous, à l'opinion qui déclare la qualité de Français définitivement et irrévocablement acquise par la déclaration faite au nom du mineur (3). Celui-ci doit, en conséquence, être inscrit après sa vingtième année.

— La loi militaire en tant qu'elle oblige les individus de l'article 12 à se faire inscrire sur les tableaux n'est pas rétroactive. Elle ne saisit pas tous ceux qui, avant sa promulgation, ont obtenu soit la naturalisation, soit la réintégration.

(1) Audinet, dans Clunet 1891, p. 54.

L'article 93, cependant, déclare la loi applicable aux hommes appelés en vertu des lois antérieures. Mais on a justement fait remarquer que les individus, dont s'agit, n'étaient appelés par aucune loi (1).

(1) L'Esprit, p. 130 ; Le Sueur et Dreyfus, p. 235.

CHAPITRE II

De la combinaison des articles 1 et 3 de la loi
militaire, avec l'article 17 C. civ., on peut dégager
les deux propositions suivantes :

1º Du jour où la qualité de Français est perdue,
l'ex-Français ne peut plus faire partie des troupes
françaises (art. 3, loi milit.)

2º La loi française pour assurer l'accomplissement par tous les Français des obligations militaires qu'elle leur impose, a, sinon rendu impossible, du moins gêné leur dénationalisation.

On ne peut contester l'exactitude juridique de
notre première proposition.

D'une part, l'article 3 de la loi militaire n'admet que des Français dans les troupes françaises;
d'autre part, tout en organisant une légion étrangère, la loi s'est bien gardée d'y enrôler obligatoirement les étrangers (1).

(1) Inf. p. 164.

Si l'on admet que le mineur ne peut perdre volontairement la nationalité française, ni en être déchu (1), il n'y a pas à prévoir le cas où un jeune homme, jusque-là irrévocablement Français, n'aurait plus notre nationalité au moment où il serait appelé à prendre part aux opérations du recrutement (2).

La perte de la qualité de Français ne surviendra donc qu'en majorité, alors que l'intéressé figurera déjà sur les contrôles de l'armée. Il devra en être rayé.

Ce n'est pas à dire que dorénavant les autorités militaires perdent tout recours contre lui. L'obligation du service militaire est successive. Elle va se développant sur une période de temps qui finit pour chacun de nous à l'âge de 45 ans. Que le Français, avant cet âge, perde cette qualité, et ce développement est brusquement arrêté. En résulte-t-il que jusqu'au dernier moment, cet individu qui était Français n'a pas été tenu aux charges de tous les Français ? Sa dénationalisation, en le dérobant pour l'avenir à l'impôt du sang, n'agit pas dans le passé. Si donc, il était insoumis ou déserteur à ce moment, les pénalités de la loi mi-

---

(1) La question est fortement discutée. Voir la note de M. Fauchille sous un arrêt de Paris du 30 juin 1896 (D. 97, 2, 33) affaire Muller.

(2) V. cependant *supra*, p. 13.

litaire pourront l'atteindre aussi longtemps que l'action publique ne sera pas prescrite.

Le Code de justice militaire dans son article 184, § 2, fixe le point de départ de la prescription au jour où le déserteur aura atteint l'âge de 47 ans. La loi du 15 juillet 1889, article 73, § final, le reporte pour les insoumis à l'âge de 50 ans. Faudrait-il appliquer ces textes même si le déserteur ou l'insoumis avait perdu la qualité de Français avant cet âge? La négative est certaine. C'est à raison du caractère successif des infractions qui nous occupent, que cette limite si reculée a été adoptée (1). Ces infractions se perpétuent aussi longtemps que dure l'aptitude à être incorporé dans l'armée. Cette aptitude disparaissant avec la qualité de Français, la prescription peut commencer aussitôt la dénationalisation opérée.

Les pénalités évitées à raison de la prescription acquise, reste pour l'insoumis ou le déserteur la possibilité d'être incorporé pour un temps égal à la durée de service qu'il n'a pas accomplie (article 75, § final, loi du 15 juillet 1889 ; article 184 § 3, C. de just. militaire). Dans notre hypothèse, le réfractaire n'a rien à redouter de semblable. Il ne peut plus être incorporé dans une troupe française puisqu'il a cessé d'être Français aux yeux

_____

(1) Rabany. *La loi sur le recrutement*, t. II, p. 213.

Vandamme   9

de la loi française, nous le supposons. Il ne devrait pas davantage être envoyé dans la légion étrangère (1), celle-ci nous paraissant ne pouvoir compter dans ses rangs que des engagés volontaires (2).

Ainsi entendu, notre principe s'applique dans tous les cas de dénationalisation, soit qu'elle résulte d'une naturalisation obtenue à l'étranger, soit qu'elle résulte d'une déchéance infligée par la loi. Spécialement, il s'appliquera au cas où la perte de la qualité de Français est prononcée par la loi contre le Français qui a pris, sans autorisation du gouvernement, du service militaire à l'étranger.

L'article 17, 4° C. civ. pourrait, il est vrai, faire croire le contraire.

Que veut dire cette disposition finale : « sans préjudice des lois pénales contre le Français qui se soustrait aux obligations de la loi militaire » ? Les auteurs, en général, ne se soucient pas de dissiper le vague de ces termes (3). Faut-il dire que dans le cas de l'article 17, 4° C. civ. l'ex-Français continue à être assujetti à toutes les obligations imposées par la loi militaire aux Français de son âge, que ne

----

(1) *Contra.* Le Sueur et Dreyfus, *op. cit.* p. 194, note 1.
(2) V. *infra*, p. 164.
(3) V. Aubry et Rau. *Cours de droit civil*, 5e édit. tome I, p. 438, note 24.

pouvant les accomplir étant donné qu'il n'est plus Français, il sera, en conséquence, forcément insoumis ? Ou bien l'article 17, 4° C. civ. n'aurait-il statué que pour consacrer purement et simplement ce que nous avons déduit des principes ?

Nous essaierons plus loin de dégager la véritable pensée des rédacteurs de ce texte.

Arrivons à notre deuxième proposition. Les rédacteurs du Code civil faisaient avant tout un honneur de la qualité de Français. Ils n'avaient guère tenu compte des charges militaires inséparables de cette qualité. La pensée ne leur était pas venue qu'il pourrait se trouver des Français pour qui les obligations militaires seraient un fardeau trop lourd dont ils chercheraient à se débarrasser par l'expatriation. Aussi, comme Trouchet dont on cite souvent les paroles, ne voyaient-ils dans l'expatriation qu'une faculté naturelle dont l'exercice devait être librement accordé à l'homme.

Le point de vue du législateur a changé depuis 1804. En même temps que dans la société contemporaine, se généralisait le régime de la « nation armée », les mauvais citoyens se sont multipliés. Dans les grands Etats de l'Europe de plus en plus rongés par ce mal du militarisme à outrance, on a dû prendre des mesures pour éviter que les égoïstes pussent, en se faisant naturaliser dans les petits États avoisinants, voire même dans les républiques américaines, échapper à leur gré aux devoirs sacrés qu'impose la défense de la patrie.

L'Allemagne et l'Autriche-Hongrie ont apporté des entraves à cette expatriation sacrilège (1). La France, en 1889, n'eut garde de ne pas imiter ce sage exemple.

A la vérité, il existait bien un décret, remontant à 1811, qui édictait des pénalités rigoureuses contre le Français se faisant naturaliser à l'étranger sans avoir obtenu l'autorisation préalable du gouvernement. Mais, outre que ces sanctions étaient devenues impraticables dans l'état actuel des idées, le but que le législateur eût dû atteindre était manqué. Le décret n'infirmait aucunement, en effet, la naturalisation obtenue à l'étranger ; il n'empêchait pas que la qualité de Français, ne fût perdue. Mieux avisé, le législateur de 1889 décida que dans certaines hypothèses, l'expatriation, tout en restant permise en principe, serait, dans une certaine mesure, gênée.

Quelles sont les obligations militaires à raison desquelles la perte de la qualité de Français se trouve gênée, dans quelle mesure l'est-elle ?

I. — La loi vise les Français « encore soumis

______

(1) Lire une « *Etude sur la nationalité allemande dans ses rapports avec le recrutement militaire* », dans Clunet 1893, p. 806 et s..

aux obligations du service militaire pour l'armée active » (art 17 1° C. civ.)

Les hommes appartenant à l'armée territoriale ou à sa réserve (art. 37, loi milit.) peuvent donc librement cesser d'être Français. La loi du 26 juin 1889 n'a pas songé à eux et il faut convenir qu'elle n'avait pas les mêmes motifs pour se défier de l'expatriation des hommes de cet âge.

Elle sera moins fréquente, car ce n'est pas d'ordinaire à trente-trois ou trente-quatre ans que le désir de répudier l'allégeance française se fera sentir. A cet âge, l'homme s'est créé une situation définitive, il ne songera plus à quitter définitivement la France avec sa famille. Du moins, il ne le fera plus pour éviter les charges militaires gênantes parfois encore, mais cependant déjà considérablement allégées, puisqu'elles ne comportent plus, en temps de paix, qu'une présence de deux semaines sous les drapeaux.

Plus délicate au premier abord, apparaît la question de savoir si les hommes appartenant à la réserve de l'armée active doivent lui être assimilés, ou s'ils sont visés, au contraire, dans l'article 17, 1° du Code civil.

A ne considérer que l'article 37 ci-dessus, en présence aussi de l'article 49 de la loi militaire qui ne les assujettit, pendant les dix ans qu'ils passent dans cette réserve, qu'à deux périodes de présence au corps d'une durée chacune de quatre semaines, il semblerait que chez eux non plus, la pensée de se soustraire à ces obligations en perdant la qualité de Français ne soit pas à prévoir.

Cependant, le législateur n'a pas entendu les laisser libres de disposer à eux seuls de leur nationalité. Les auteurs l'admettent, en général, et les travaux préparatoires sont, à cet égard, des plus formels (1).

Il y avait de bonnes raisons pour décider ainsi. Dans le système actuel des armées nationales, la force défensive et offensive d'un pays réside surtout dans ses réserves. Les trois ans que l'on passe aujourd'hui sous les drapeaux ne sont exigés que pour préparer chacun de nous à son rôle de soldat.

De retour dans ses foyers, l'homme des réserves fait partie de cette nation armée toujours prête à voler au premier signal à la défense des frontières.

Ainsi l'ont compris les auteurs de la loi qui nous régit actuellement.

A plus forte raison, les jeunes Français versés

_____

(1) Rapp. de M. Batbie déposé au Sénat, le 4 novembre 1886. En ce sens, Weiss, p. 445 et note 2 ; Le Sueur et Dreyfus, p. 180, 181.

dans la disponibilité après un an de présence sous les drapeaux, sont-ils visés par la loi. Ils appartiennent encore, eux, à l'armée active proprement dite (art. 21, 22 et 23 *in pr.*).

Il faut remarquer combien la formule de l'article 17, 1°, C. civ. est susceptible d'extension. La loi ne vise pas seulement les Français qui font encore partie de l'armée active, elle désigne tous ceux qui sont *encore soumis aux obligations du service militaire pour* l'armée active.

Du même coup, elle atteint tous les hommes versés dans les services auxiliaires (article 33, 6°, de la loi milit.). Ces hommes sont soumis au régime des classes et passent successivement de l'armée active dans sa réserve, puis dans l'armée territoriale, etc. — Sont également atteints par l'article 17, 1° C. civ., les individus qui, à raison de leur complexion trop faible ou parce qu'ils n'avaient pas la taille réglementaire, ont été ajournés et sont obligés de se représenter l'année suivante devant le conseil de révision (art. 27 et 19, § 2, loi mil.).

En dehors de ces deux cas spéciaux, il faut dire que le jeune Français, bien avant son incorporation effective dans l'armée, est tenu de certaines obligations. Il doit se faire inscrire sur les tableaux de recensement dès qu'il a l'âge requis. Il doit plus tard se présenter devant le conseil de révision. Enfin, il doit rejoindre. Cette dernière obligation, il faut le remarquer, naît pour lui le jour où il est, par le conseil de révision, déclaré « bon pour le service » et, en conséquence, inscrit d'abord sur une des sept parties de la liste définitive du recrutement cantonal, puis sur le registre matricule tenu par l'administration de recrutement de la subdivision de région militaire.

Ces diverses obligations ne sont pas, à proprement parler, des obligations militaires. La dernière seule peut être sanctionnée comme telle, et encore, à partir seulement du jour où un ordre de route sera parvenu au domicile de l'appelé. Toutes sont cependant relatives au service militaire, et cela suffit pour qu'elles soient visées par l'article 17, 1° C. civ.

Ainsi donc, le jeune homme qu'on aurait omis d'inscrire à l'âge voulu, ne pourrait pas librement s'expatrier, prétextant qu'il n'appartient pas encore à l'armée active. Avant 1889, dans l'opinion de la jurisprudence qui voyait dans les obligations militaires un obstacle à l'article 17 ancien, C. civ., cette prétention était admise quelquefois (1). Elle doit être rejetée aujourd'hui.

Il va sans dire que l'individu définitivement exempté par le conseil de révision, comme absolu-

____

(1) De Folleville, *Tr. th. et prat. de la naturalisation*, p. 522, n° 692.

ment impropre à tout service militaire armé ou auxiliaire (art. 19, loi milit.), ou l'individu réformé, n'est pas visé par notre texte. Sans doute, la taxe militaire qu'il est tenu de payer à raison de son exemption ou de sa mise à la réforme (art. 35, § 1, loi milit.), est une façon particulière d'accomplir les devoirs du service militaire. Il n'est cependant pas nécessaire d'être Français pour acquitter cette taxe (arg. 35, § 6, *adde* art. 36 et 33 comb. loi milit.). Pour tout dire, on s'imaginerait difficilement que le législateur ait cru, dans l'intérêt de la défense nationale, devoir empêcher leur exode à l'étranger.

II. — Depuis 1804, la naturalisation obtenue à l'étranger est le mode normal par lequel se perd la qualité de Français. La loi française, seule juge du point de savoir à quelles conditions un Français peut cesser de l'être, établit, d'ordinaire, une corrélation directe entre l'acquisition d'une nationalité étrangère et la perte de la qualité de Français.

Exceptionnellement pourtant, quand le Français est encore soumis aux obligations militaires que nous avons définies, cette corrélation disparaît si, avant d'obtenir la naturalisation à l'étranger, le Français n'a pas sollicité l'agrément du gouvernement. Il reste Français alors, et il continue à être soumis aux obligations militaires (article 17, 1° du Code civil).

A côté de la naturalisation obtenue à l'étranger, il est d'autres faits qui peuvent faire disparaître la qualité de Français. Nous ne parlons pas des démembrements de territoire. La loi sur la nationalité ne prévoit pas une aussi douloureuse éventualité. Les obligations militaires ne sont pas du reste un obstacle à la dénationalisation des individus (1).

Nous ne parlons pas non plus de la répudiation régulièrement exercée en vertu des articles 8, 4° et autres du Code civil, par la raison que cette répudiation suppose toujours au moment où elle intervient, l'absence d'obligations militaires déjà nées.

Restent les faits auxquels la loi attache à titre de déchéance la perte de la nationalité française : refus par le Français d'obtempérer aux injonctions du gouvernement lui enjoignant de résilier des fonctions publiques conférées par un gouvernement étranger (art. 17, 3° C. civ.) ; prise de service militaire à l'étranger sans autorisation du gouvernement (art. 17, 4° C. civ.) ; commerce ou possession d'esclaves (art. 6, loi du 26 juin 1889, décret du 27 avril 1848 modifié par la loi du 28 mai 1858, comb.).

Le législateur, dans chacune de ces trois hypo-

____

(1) C'est ainsi qu'une circulaire du ministère de la guerre ordonna jadis le licenciement au 1er oct. 1872 de tous les Alsaciens-Lorrains sous les drapeaux et devenus Allemands faute d'option.

thèses, a-t-il subordonné la perte de la nationalité française à l'autorisation préalable du gouvernement, au cas où la déchéance serait encourue par un Français encore soumis aux obligations militaires que nous connaissons?

Poser la question, c'est la résoudre. Par son étrangeté même, elle commande une solution négative. Quelle que soit la position militaire d'un individu, il perdra nécessairement la qualité de Français, s'il se met dans une des situations qui nous occupent.

Les rigueurs de la loi auraient pu cependant être exploitées. Ne fournissent-elles pas le moyen d'échapper quand on le veut aux obligations militaires pour l'armée active? La loi a prévu le calcul qui pourrait se faire ici. Soit, a-t-elle dit au jeune homme obligé en France au service militaire dans l'armée active, je renonce à votre présence sous les drapeaux français que vous serviriez mal puisque vos préférences sont pour l'étranger. Vous échappez ainsi à des charges dont je n'entendais vous dispenser qu'en connaissance de cause, vous me forcez la main, je vous en punis. Vous vous êtes enrôlé sous les drapeaux d'une puissance étrangère : vous serez considéré en France comme vous étant soustrait par là au service militaire, vous êtes un réfractaire. Nos lois pénales vous atteindront.

Tel est le sens qu'il faut, croyons-nous, attribuer à la disposition finale de l'article 17, 4° C. civ.

Dans notre opinion donc, l'article 17, 4° *in fine* C. civ., complète l'article 17, 1° C. civ., il ne doit pas être étendu à l'individu seulement soumis aux obligations du service militaire dans l'armée territoriale, puisque la loi ne voit aucun inconvénient à ce qu'on y échappe par une expatriation pleinement volontaire.

Le commerce et la possession des esclaves ne semblent plus guère être dans nos mœurs, la loi a pensé qu'il ne couvrirait pas le calcul que nous dénonçons. D'autre part, il arrivera rarement qu'un Français appartenant encore à l'armée active, ce qui ne suppose pas un âge très avancé, obtienne de la confiance d'un gouvernement étranger un poste conférant une fonction publique. Le fait d'ailleurs ne revêtant pas pour la patrie française un caractère aussi outrageant que la prise de service militaire à l'étranger, la loi laisse au gouvernement le soin d'apprécier dans quelles conditions il se réalise. Comment, dès lors, le Français, appartenant encore à l'armée active, chercherait-il à échapper ainsi à ses devoirs militaires, puisqu'en occupant le poste qu'il a obtenu, il continue, en principe, à rester Français ? Le gouvernement n'est-il pas suffisamment armé pour déjouer un pareil calcul ? Ne peut-il pas garder une attitude passive au lieu d'exiger de l'intéressé qu'il se désiste ?

Toutes ces raisons expliquent suffisamment pourquoi le législateur n'a pas, en prévision de la déchéance encourue dans nos deux hypothèses, édicté une disposition aussi énergique que celle localisée dans le 4° de l'article 17, C. civil.

Nous ferons, sur cet article 17, 4°, une dernière remarque. Des hypothèses fréquentes peuvent se présenter, dans lesquelles, à raison d'un conflit existant entre la loi française et une législation étrangère en matière de nationalité, un individu se trouve être, à la fois, Français pour la loi française et étranger pour une loi étrangère. Il est alors appelé au service militaire dans deux pays différents. S'il accepte de servir à l'étranger, tombe-t-il sous le coup de notre texte ? Il nous paraît que ce seul fait, pris en lui-même et indépendamment des circonstances accessoires qui peuvent en altérer la portée, ne présente pas le caractère d'injurieux abandon auquel la loi semble avoir songé. L'individu sollicité dans deux pays, sous les menaces de la loi, de payer sa dette visà-vis de deux patries qui le réclament, s'il ne fait qu'obéir à celle qu'il redoute le plus, par exemple à cause de sa résidence à l'étranger, ne mérite pas l'application si rigoureuse de notre texte. Il est digne de plus de ménagements, à raison d'une force majeure contre laquelle il est impuissant. Aussi bien ne rentre-t il pas, semble-t-il, dans les termes de la loi, qui, parlant de *prendre* du service à l'étranger sans autorisation du gouvernement, désigne un acte librement entrevu dans ses conséquences et librement accepté.

Ainsi l'a décidé une décision toute récente du tribunal de la Seine qu'il faut approuver pleinement (1).

Reste l'acquisition sur demande d'une nationalité étrangère par l'effet de la loi, à laquelle le législateur de 1889, voulant mettre fin aux controverses qui s'étaient élevées, a attaché la perte de la nationalité française (article 17, 1°, 1er al.).

Cette perte, dans ce cas aussi bien que dans le cas d'une naturalisation proprement dite, obtenue par une concession immédiate et spéciale du prince, est subordonnée à l'autorisation du gouvernement français pour le Français encore soumis aux obligations militaires. Le deuxième alinéa de l'article 17, 1°, ne soumet à la nécessité de l'autorisation que la naturalisation à l'étranger. Rapproché de l'alinéa qui le précède, lequel oppose à

____

(1) Trib. de la Seine, du 27 juillet 1897, Clunet 1897, p. 1041. V. les autorités citées à la note. — Cf. *Conclusions de M. le substitut Fournel dans une aff. Lacombe*, Trib. Seine, 10 mai 1897, dans Clunet 1898, p. 119.

la naturalisation obtenue en pays étranger, l'acquisition sur demande d'une nationalité étrangère par le bienfait de la loi, il semblerait par *a contrario*, indiquer que cette dernière soit toujours libre. Un argument *a contrario* est souvent débile, il est ici mort-né. L'alinéa 1 parle du Français naturalisé *ou* ayant acquis sur sa demande, etc. *S'il* est encore soumis aux obligations militaires pour l'armée active, ajoute l'alinéa 2, la naturalisation à l'étranger ne fera perdre la qualité de Français que si elle a été autorisée par le gouvernement français.

Il y a entre l'alinéa 1 et l'alinéa 2 un lien manifeste. La pensée de la loi se concentre dans l'un comme dans l'autre sur les mêmes personnes. Elle veut parler du Français se trouvant dans l'une quelconque des deux situations qu'elle dépeint, « *s'il* est encore soumis... » ajoute-t-elle pour passer à la nécessité de l'autorisation en les visant toutes deux.

Le mot « naturalisation » employé seul n'a pas cette portée d'indiquer une contradiction entre la pensée et le langage de la loi. On sait que le sens de ce terme n'est pas bien précis et peut selon les cas être interprété plus ou moins strictement (1). Il fut du reste employé avec cette variété d'extension

(1) Cf. Le Sueur et Dreyfus, *op. cit.* page 186

au cours de la préparation de la loi ; — rien d'étonnant qu'il soit resté dans le texte de l'article 17, 1° avec un sens différent d'une ligne à l'autre.

L'autorisation de l'article 17, 1° que nous n'avons pas encore définie est donnée par décret sur la proposition du ministre de la justice (1). Elle a pour conséquence de faire reconnaître même en France, que la naturalisation obtenue à l'étranger par le Français le délie de l'allégeance française. Telle est sa seule portée. Elle n'a pas pour but immédiat et direct de le soustraire à l'article 1ᵉʳ de la loi du 15 juillet 1889 sur le recrutement. Ce n'est qu'indirectement qu'elle produit ce résultat, à raison de la qualité d'étranger que l'administration s'engage à lui reconnaître en donnant cette autorisation, et en vertu du principe établi plus haut, qu'on cesse d'être tenu au service militaire en cessant d'être Français.

L'absence de cette autorisation ne détermine pas seulement la persistance des obligations militaires à la charge de l'intéressé. C'est la nationalité française elle-même qui persiste avec tous les devoirs qu'elle entraîne. Il en résulte, inversement, que l'autorisation obtenue est, à proprement parler, une sorte d'*exeat* devant retirer la nationalité

(1) Un droit de sceau de 675 fr. 25 est dû sur lequel des remises peuvent être accordées.

d'origine au Français, dès le jour où il aura acquis sur sa demande une nationalité étrangère.

Si l'on admet que tel est le véritable caractère de cette autorisation, on peut décider sans difficulté qu'elle sera sans effet quant à l'insoumission dans laquelle l'intéressé peut se trouver vis-à-vis de la loi militaire, au moment où il change de nationalité. Ce changement n'agissant pas dans le passé, il reste que si notre individu, dans le passé, a été d'une manière quelconque réfractaire à la loi militaire, il l'a été jusqu'au dernier moment. Pour échapper aux pénalités qui le menacent à ce titre, il devra prescrire l'action publique. La prescription ne commencera qu'au jour de sa naturalisation à l'étranger.

On conçoit du reste difficilement que l'autorisation qui nous occupe soit accordée à un réfractaire. Aussi n'est-ce pas à ce point de vue qu'il est intéressant de prendre parti sur son caractère.

De bons auteurs ont proposé d'en étendre l'usage à la solution des conflits de nationalité. MM. Le Sueur et Dreyfus notamment (1) font remarquer qu'en usant à propos de son pouvoir discrétionnaire, la Chancellerie pourrait, dans bien des cas, enlever à ces conflits l'acuité lamentable qu'ils acquièrent, en présence des devoirs militaires qu'une

(1) *Op. cit.* p. 187.

double nationalité entraîne à la charge de certains individus.

Le but serait des plus louables, et il faudrait féliciter le législateur d'avoir mis dans la loi assez de souplesse pour qu'il puisse être atteint.

Mais l'a-t-il fait en réalité ? Toute la question est là. Ne serait-ce pas dénaturer la pensée qu'il a eue en chargeant le gouvernement d'accorder cette autorisation ? Nous ne croyons pas, pour notre part, à des vues aussi libérales chez le législateur de 1889. S'il faut admettre que l'autorisation dont il parle dans l'article 17, 1° C. civ., n'est, à proprement parler, qu'une mesure par laquelle le gouvernement lève les obligations militaires d'un individu encore *Français*, et rend dès lors plus parfaite la perte de sa qualité de Français par une naturalisation à l'étranger, on s'étonne, au premier abord, qu'il ait laissé à la discrétion du gouvernement une faculté tendant directement à méconnaître l'article 1 ou l'article 37 de la loi militaire. Le législateur, en votant cette dernière, a pris soin minutieusement de bannir tout arbitraire dans la distribution à tous les Français des charges militaires ; il est peu vraisemblable *a priori* qu'il ait sous la forme voilée de l'article 17, 1° C. civ., laissé en germe dans une loi sur la nationalité, ce qu'il bannissait rigoureusement de la loi sur le recrutement.

Si l'autorisation, dans sa pensée, eût pu avoir ce but, il se fût contenté d'une autorisation obtenue à un moment quelconque, soit avant, soit après, soit même en dehors de toute naturalisation obtenue à l'étranger sur demande. Or, il entend parler d'une autorisation *préalable* à une *naturalisation* obtenue à l'étranger.

Encore moins, admettons-nous avec M. Cogordan la possibilité de faire servir cette autorisation à faire disparaître par elle-même la nationalité française. Cet auteur (1) voudrait voir le gouvernement français employer le pouvoir discrétionnaire qu'il tient de la loi, à congédier les individus qu'une disposition trop rigoureuse de nos lois sur la nationalité déclare Français, alors que la loi étrangère les réclame de son côté comme ses ressortissants. On pourrait ainsi, comme il le dit, éviter bien des conflits. Mais où s'arrêter dans la détermination des prescriptions rigoureuses et de celles qui ne le sont pas? Sous peine de tomber dans le pur arbitraire, il faudrait admettre ce droit du gouvernement dans tous les cas. On en arriverait ainsi au système des congés d'expatriation de la loi allemande, mais alors que resterait-il de l'article 17 du Code civil?

— L'autorisation de l'article 17, 1° dans la juste

_____

(1) Cogordan. *op. cit.* 111.

portée que nous lui avons donnée, doit être distinguée de l'autorisation par laquelle le gouvernement consent à ce qu'un Français prenne du service militaire à l'étranger (article 17, 4° C. civ.) L'une est donnée au Français qui veut cesser de l'être, l'autre au Français qui entend le rester. Mais la seconde, pas plus que la première, ne dispense des obligations militaires. Si celle-ci aboutit toujours cependant, mais indirectement, à ce résultat, celle-là n'y aboutit jamais. — C'est la conséquence même du but diamétralement opposé qu'on poursuit en demandant ou l'une ou l'autre.

L'autorisation de l'article 17, 1° est nécessaire à tout Français encore soumis aux obligations militaires pour l'armée active. Celle de l'article 17, 4° est nécessaire à tout Français quelle que soit sa situation vis-à-vis de la loi militaire française, qu'il figure ou non sur les contrôles de l'armée, qu'il fasse ou non partie de l'armée active ou de sa réserve. Nous avons vu que s'il en faisait partie, l'autorisation était nécessaire sous une sanction qui devenait double.

— La nécessité d'obtenir une autorisation préalable imposée à tout Français qui, encore soumis à certaine obligations militaires en France, veut se faire naturaliser à l'étranger, est un progrès sur l'état de choses antérieur.

Premièrement, grâce à elle, la situation, vis-à-vis

de son ancienne patrie, du ci-devant Français naturalisé à l'étranger est aujourd'hui aussi nette
qu'elle l'était peu autrefois.

Le Français qui se faisait autrefois naturaliser
à l'étranger et revenait en France, pouvait être,
vis-à-vis de la loi militaire, dans deux situations
bien distinctes. Ou bien pendant son absence, antérieurement ou postérieurement à son changement de nationalité, il avait négligé de répondre à
l'appel de la loi militaire. Ou bien, si jusque-là il
était en règle avec elle, il cessait généralement de
l'être quand, l'autorité militaire le convoquant pour
accomplir une période sous les drapeaux, il se re-
tranchait derrière sa nouvelle nationalité. Dans
l'un et l'autre cas il était poursuivi et il n'avait
rien de plus pressé que d'exciper de sa nationalité
étrangère.

Les conseils de guerre, quand cette exception
était soulevée devant eux, renvoyaient devant le tribunal civil, qu'ils reconnaissaient seul compétent
pour se prononcer sur la nationalité du prévenu.

Or, la jurisprudence des tribunaux civils avait
adopté une théorie — discutable sans doute en
droit — mais certaine en fait : celle de la naturalisation obtenue à l'étranger en fraude de la loi
française (1). Toute naturalisation qui paraissait

---

(1) Dalloz. Supp. au Répert. v° *Droits civils*. N° **288**.

avoir été recherchée dans le but manifeste de faire fraude à la loi française, ne pouvait être invoquée « à l'encontre des intérêts d'ordre public ou privé que cette même loi a pour objet de protéger (1) ».

Et alors de deux choses l'une : la *fraus legis* étant ou n'étant pas établie, ou bien le tribunal estimait que la naturalisation obtenue à l'étranger était irrégulière et nulle, ou bien il décidait, au contraire, qu'elle était dûment acquise.

Dans le premier cas, l'intéressé était nécessairement condamné et pouvait être, à l'expiration de sa peine, incorporé dans l'armée française. Dans le second cas, son incorporation était impossible, mais il encourait les pénalités qu'encourt tout réfractaire, si la prescription ne lui était pas acquise par le délai voulu, écoulé depuis qu'il était devenu étranger. Ce qu'il importe de remarquer, c'est qu'il était toujours considéré comme réfractaire, qu'il eût ou non désobéi à la loi militaire avant son changement de nationalité. *Ce changement en lui-même faisait* qu'aux yeux de la pratique il s'était soustrait à la loi militaire, que, par suite, en s'expatriant il était nécessairement insoumis.

La peine, il est vrai, était en fait généralement bien légère, toutes les fois que la naturalisation à

(1) Trib. civil de la Seine, jug. du 31 janv. 1877, cité dans Weiss, p. 460. V. aussi les arrêts cités à la note.

l'étranger, exempte de fraude, était reconnue en France. La prescription pouvant, dans ce cas, être acquise, imposait souvent l'acquittement. Il ne restait à l'administration que la ressource de l'expulsion contre le ci-devant Français qu'il y aurait eu scandale à laisser séjourner en France.

Il avait pu cependant avoir de bonnes raisons pour désirer la nationalité étrangère.

Appelé en France pour ses affaires, il n'était pas sûr de ne pas être inquiété, et en tout cas de ne pas être reconduit à la frontière. L'incertitude de sa situation tenait en premier lieu à cette théorie de la naturalisation frauduleuse obtenue à l'étranger, qu'admettait la jurisprudence. Mais elle tenait aussi au véritable désarroi qui régnait dans cette même jurisprudence sur la question de savoir si le Français, soumis par son âge au service militaire, pouvait valablement, en dehors de toute question de fraude, se faire naturaliser en pays étranger.

Nous avons raisonné tout à l'heure en nous basant sur la théorie qui nous paraissait, à tout prendre, se rapprocher le plus de la vérité. Elle n'était guère admise unaniment, tant s'en faut. Elle est professée dans une consultation de M. Treitt, adressée le 26 janvier 1868 à S. E. lord Lyons, ambassadeur de S. M. B. à Paris (1). Mais, à part

(1) Citée par de Folleville dans la *Revue pratique*, tome LXII, p. 415.

un arrêt de Chambéry, qui l'admet implicitement, du moins en partie (1), elle ne paraît pas avoir eu d'écho dans la jurisprudence des tribunaux.

Ceux-ci décidaient plus généralement que les obligations militaires du Français formaient obstacle à ce qu'il pût se prévaloir de l'article 17 du Code civil (2). Il restait forcément Français, et ainsi ne pouvait échapper à la loi militaire.

D'aucuns reculaient devant les conséquences d'un pareil système qui eût empêché l'expatriation jusqu'à 40 ans. Ils admettaient la liberté d'expatriation pour le Français, sauf à apprécier s'il n'avait pas à obéir à ce qu'on appelait *un service ordonné*. C'était la théorie d'un jugement de Lille du 30 septembre 1879 dans une affaire Duforest contre Préfet du Nord (3). On tombait dans l'arbitraire.

Le système du législateur de 1889 a mis fin, dans la pratique, à une incertitude que le silence de la loi avait laissé grandir.

Cette incertitude devait être pour beaucoup, croyons-nous, dans l'habitude de renvoyer le ci-

(1) Chambéry, 29 avril 1873 (aff. Constantin) dans Dalloz. Sup. au Répert. V° *Droits civils*, p. 764, note 1.

(2) Cass. 19 août 1874. D. 1875, 1, 151 ; Lyon 7 janvier 1875. D. 1877, 2, 65.

(3) Voir ce jug. rapporté dans Dalloz. Supp. au Répertoire, *eod. verb.* p. 761, note 1.

devant Français devant les tribunaux civils, alors
même qu'en fait se présentait devant les tribunaux
militaires la preuve indubitable qu'il était considéré depuis longtemps par une puissance étrangère comme ressortissant d'elle.

Les représentants en France du gouvernement
des Etats-Unis élevèrent des plaintes fréquentes
contre cette procédure qu'ils considéraient, dans
l'espèce, comme abusive. Elles restèrent toujours
sans écho auprès du gouvernement français (1).

Des ouvertures faites par M. Mac-Lane, ministre des Etats-Unis à Paris, le 11 janvier 1888,
n'aboutirent pas : « Le gouvernement de la République », écrivait-il à M. Flourens, « mettrait
« fin aux réclamations de cette espèce que j'ai
« souvent à lui présenter, s'il consentait à con-
« clure avec moi un accord relatif à la procédure
« à suivre pour régulariser la situation des Fran-
« çais devenus Américains. Ne serait-il pas pos-
« sible, par exemple, de fixer un délai passé le-
« quel les Français naturalisés aux Etats-Unis
« pourraient venir en France sans être inquiétés,
« et de s'entendre sur les papiers qu'ils auraient

---

(1) Voir à ce sujet les documents cités par Cogordan, et notamment une lettre de M. Vignaud chargé d'affaires des Etats-Unis à
Paris en date du 13 novembre 1884. Cogordan, *La Nationalité*,
2e édition, p. 268.

« à produire pour établir leur qualité d'Américain?»

Cet accord paraît avoir voulu reproduire l'idée servant de base aux conventions, dites traités Bankroft, déjà conclues avec certains Etats européens, notamment avec la Prusse. Il n'a plus au regard de la France la même raison d'être en ce qui touche la situation des hommes visés par l'article 17, 1° du Code civil.

Aujourd'hui, en effet, lorsqu'un Français de cette catégorie prétend être devenu étranger par naturalisation, la seule question qui se pose est celle de savoir s'il a oui ou non obtenu l'autorisation du gouvernement. Au cas de l'affirmative, il ne peut plus être inquiété.

Puisqu'il a cessé d'être Français avec l'assentiment du gouvernement français, nul ne saurait voir désormais dans le fait même de cette expatriation, un fait par lequel il se serait soustrait à la loi militaire. Comme le dit très bien M. Weiss, et réserve faite d'ailleurs de l'insoumission antérieure au changement de nationalité ainsi autorisé (1), en délivrant cette autorisation, le gouvernement français a renoncé par là même à tous les droits qu'il avait acquis sur la personne de l'intéressé (2).

(1) Dans ce sens : Glard, « *De l'acquisation et de la perte de la nationalité française* » p. 317 note 1.

(2) Weiss, page 454.

Il n'y aurait plus lieu également de poser la question de savoir si cette naturalisation n'a pas été sollicitée en vue de faire fraude à la loi, à la loi militaire (1) tout au moins. Peu importe qu'il s'agisse d'un individu obligé de rapporter l'autorisation du gouvernement et la rapportant, ou, à plus forte raison, croyons-nous, qu'il s'agisse d'un individu n'ayant plus besoin de cette autorisation.

— Deuxièmement, la nécessité qui nous occupe, assure aujourd'hui sans discussion possible l'accomplissement par tous les Français de leurs obligations militaires dans l'armée active, puisqu'elle les retient, en principe, dans l'allégeance française, aussi longtemps qu'ils sont encore soumis à ces obligations.

Il convient de se rappeler, à ce propos, les principes généraux et certaines décisions spéciales de la loi pour apprécier la portée à fond du système nouveau.

A un premier point de vue, soit un jeune soldat insoumis, Primus. L'article 73, que nous avons déjà cité, déclare que « le temps pendant lequel aura duré l'insoumission ne compte pas dans les années de service exigées ». Il résulte de ce texte que l'insoumis reste toujours redevable à l'État des années

____

(1) Cf. Le Sueur et Dreyfus, p. 190.

de service dans l'armée active qu'il ne lui a pas consacrées quand il le devait. A ce titre, il est visé par la formule de l'article 17, 1° du Code civil (add. arg. de l'art. 38, § 2, loi militaire). Il ne pourra en conséquence se faire naturaliser à l'étranger et cesser d'être Français sans l'autorisation du gouvernement qui s'empressera d'ailleurs de la lui refuser.

Ses obligations militaires se perpétueront donc en même temps que persistera sa qualité de Français. Ce ne sera qu'à partir de 50 ans que commencera à courir la prescription des peines attachées à l'insoumission, nous l'avons dit plus haut (article 73, alinéa final). Encore, à cet âge, Primus ne pourra-t-il se dire définitivement et certainement affranchi de ces obligations en elles-mêmes, puisque, comme nous l'avons vu, l'article 184 § final du Code de justice militaire le met encore à la disposition du ministre de la guerre pour tout le temps qu'il doit encore à l'Etat.

C'est donc à un âge relativement très avancé qu'il pourra impunément venir en France. La naturalisation qu'il aura obtenue à l'étranger ne lui aura servi à rien, et on peut même dire que la loi française ne le considérera jamais comme étranger s'il n'obtient pas enfin l'autorisation nécessaire.

Strictement parlant, il continue en effet à être toujours redevable à l'État des années de service

qu'il n'a pas accomplies. C'est un débiteur sans
surface il est vrai, étant donné son âge trop avancé
pour permettre son incorporation. N'empêche que
l'administration, tout en l'abandonnant forcément
au repos qu'il aura assez chèrement acheté, ne
puisse encore lui dénier la qualité d'étranger s'il
la réclamait en vue d'un avantage quelconque.

Ce que nous disons de l'insoumis jeune soldat,
est vrai de l'insoumis qui, appartenant à la réserve
de l'armée active, n'aurait pas répondu à une
convocation pour une période d'exercices ou de
manœuvres (articles 73, § final, 75 § 4 de la loi
du 15 juillet 1889 ; 17, 1° du Code civil), et du déserteur appartenant encore à l'armée active ou à
sa réserve (article 184 du Code de justice militaire,
et article 17, 1° C. civ. comb.).

A un second point de vue, le principe français
qu'un mineur ne peut valablement perdre la
nationalité française par une naturalisation à
l'étranger, complète heureusement un tel système.
En effet, les familles auraient pu songer à faire
naturaliser leurs enfants à la veille de leur vingtième année, au moment par conséquent où la
loi militaire ne les aurait pas encore atteints. Ceux-
ci n'auraient pas dû obtenir l'autorisation du gouvernement Français ; c'est donc librement qu'ils
auraient pu, à leur gré, échapper aux devoirs du
Français. Des pratiques de ce genre devinrent,

paraît-il, la règle, un moment, dans la haute bour-
geoisie de Francfort s/le Mein (1). En France,
elles ne devaient pas préoccuper le législateur,
condamnées qu'elles étaient à rester stériles.

S'il n'est en effet écrit nulle part, le principe
que nous rappelons ne fait difficulté pour personne
pas plus aujourd'hui qu'avant 1889 (2).

Nous avons fait remarquer, en son temps, combien les calculs du jeune Français seraient dé-
joués ou pourraient l'être en vertu de la loi, s'il
cherchait à être déchu de la nationalité française
dans l'espoir de se soustraire à l'appel sous les
drapeaux.

(1) Clunet 1891, p. 433. Cf. Roguin. *Conflit des lois suisses*, p. 39.
(2) Cf. Weiss. p. 433.

DEUXIÈME PARTIE

AUX COLONIES

La loi du 15 juillet 1889, titre VI, a étendu le recrutement militaire aux colonies qu'elle divise en deux groupes. Les Antilles, la Guyane et la Réunion sont soumises au recrutement tel qu'il existe en France. L'Algérie et les autres colonies sont soumises à un régime spécial. La loi consacre quelques dispositions aux pays de protectorat.

Toutefois, hâtons-nous de le dire, la loi sur le recrutement n'est pas encore appliquée aux colonies. Les décrets qui devaient la mettre en vigueur, bien qu'annoncés depuis longtemps (1), ne sont pas encore parus.

Parmi les colonies du premier groupe, la Réunion est la seule où il soit procédé aux opérations de la levée (Loi du 1er août 1895, décret du 24 septembre 1895). Quant à celles du second groupe,

(1) Inst. du 4 décembre 1889, n° 16.

l'Algérie seule fournit son contingent annuel.
Nous parcourrons donc rapidement les modifications qu'entraîne dans notre matière le régime
spécial :

1° A la Réunion

2° A l'Algérie

3° Aux autres colonies

4° Aux pays de protectorat.

I. — A la Réunion.

Nous ferons deux observations :

I. — La loi du 1er août 1895 a invité le gouver
nement à prendre immédiatement les mesures nécessaires à l'installation d'un bureau de recrutement pour la colonie, et à l'application immédiate
de la loi militaire telle qu'elle la modifiait.

En conséquence, un décret du 24 septembre 1895
crée un bureau de recrutement et dispose que la
confection des tableaux de recensement doit se
faire conformément aux articles 10 à 17 de la loi
du 15 juillet 1889.

A ce point de vue, nous n'avons rien à ajouter
ni à retrancher à ce que nous avons déjà dit dans
nos chapitres précédents. Faisons cependant remarquer qu'un projet de loi a été déposé, en exé-

cution d'un décret du 20 février 1897, par le garde
des sceaux sur le bureau de la Chambre. Il a été
renvoyé à l'examen de la Commission de l'armée.
Il révèle l'extrême embarras dans lequel se trouve
l'administration pour appliquer le recrutement
dans notre colonie africaine.

C'est ainsi que l'article 4 réclame pour le gouvernement, à titre transitoire il est vrai, le droit
de ne retenir le contingent que pendant une période de service actif pouvant s'abaisser jusqu'à
45 jours (1).

Dans ces conditions, nul ne pouvant prévoir
combien de temps durera cette période transitoire
si la loi est votée, ce qui ne paraît pas improba-
ble, il est évident qu'il devient sans intérêt d'être
appelé en vertu de l'article 10, plutôt qu'en vertu
de l'article 11, de la loi militaire.

II. — La nationalité se règle à la Réunion
comme dans la métropole (art. 2, loi du 26 juin 1889).
Sans qu'il y ait lieu de distinguer entre les différents
éléments dont se compose la population de l'île,
on naît irrévocablement Français ou on le devient, soit en vertu d'un décret, soit à la suite
d'une option, comme dans la métropole.

Le projet de loi dont nous venons de parler in-

______

(1) Saumur, *op. cit.* p. 837.

troduit cependant une distinction entre les habitants, en ce qui concerne la possibilité d'acquérir la nationalité française par l'effet d'une option (art. 5.)

Les individus nés de parents introduits dans la colonie sous le régime de l'immigration ne pourraient plus désormais se prévaloir de l'article 8, § 4 du Code civil. S'ils sont nés dans l'île et s'y trouvent domiciliés à leur majorité, ils devraient, pour devenir Français, faire la déclaration de l'article 9 du Code civil, dans l'année qui suit leur majorité. Jamais, non plus, ils ne seraient reçus à devenir Français pendant leur minorité au moyen de la déclaration faite dans les termes de l'article 9, § 10, C. civ. ; jamais ils ne pourraient arguer de l'article 9, alinéa final.

Les individus introduits dans nos colonies sous le régime de l'immigration appartiennent à des races très inférieures (africaine, chinoise, indoue) (1). En étendant à la Réunion la loi du 26 juin 1889 sur la nationalité, le législateur ne s'était pas rendu compte qu'il plaçait ainsi dans la cité française des individus qu'elle ne s'assimilera pas avant longtemps. Ces fils d'immigrants saisis par l'article 8, 4° C. civ., ne songent même pas à réclamer leur nationalité étrangère ; léga-

(1) Consulter : Girault, *Législation coloniale*, Paris, 1895.

lement, ils restent donc Français, soumis à toutes les charges et participant à tous les droits que donne cette qualité.

Les inconvénients de cet état de choses se sont fait sentir, dès les premiers jours de la mise en vigueur dans la colonie de la loi sur le recrutement. Le Gouvernement s'est aperçu qu'il y avait intérêt à ne leur accorder la qualité de Français qu'à bon escient. L'article 6 du projet autorise même ceux de ces individus qui déjà sont devenus Français en vertu de l'article 8, 4° C. civ., à redevenir étrangers, en faisant la déclaration qu'ils auraient pu faire et qu'ils n'ont pas faite, dans le délai d'un an à partir du jour où le projet devenu loi serait promulgué.

C'est dire que le Gouvernement ne se soucie guère de voir la qualité de Français leur compéter. Nous pensons, cependant, que l'article 11 de la loi militaire continuera à exiger leur enrôlement dans l'année de leur majorité, s'ils résident à la Réunion à cette époque. Les promoteurs du projet ont-ils songé qu'il y a, là aussi, une porte par laquelle nos individus peuvent accéder sans aucun contrôle à notre nationalité? Ou bien s'ils ont compté sur leur peu de dispositions pour la vie militaire, et sur la réclamation d'extranéité qu'ils ne manqueront pas de faire pour y échapper?

II. — **Algérie**.

La population de l'Algérie peut se décomposer ainsi : les Français, les indigènes, les étrangers.

Pour le dire en passant, les étrangers et les indigènes peuvent faire partie de l'armée française, mais ils n'y entrent que par voie d'engagements. C'est une loi du 15 mars 1831 (1) qui a permis la formation de ces corps étrangers ou indigènes, en attendant qu'une loi promise déjà dans l'article 83 de la loi du 15 juillet 1889 vienne poser des règles nouvelles.

Mais l'étranger qui peut s'engager dans la légion étrangère ou l'indigène qui peut être enrôlé dans les régiments d'indigènes algériens ne sont pas atteints par la loi sur le recrutement tant qu'ils ne deviennent pas citoyens Français. Ils peuvent le devenir en vertu d'un décret. Les fils d'étrangers ont en outre à leur disposition la voie de l'option, dans les différents cas où celle-ci est permise par les lois du 26 juin 1889 et 22 juillet 1893.

Sous le bénéfice de ces observations, demandons-nous à quel moment il faut inscrire en Algé-

(1) Duvergier, 1831, p. 108.

rie : les Français, les individus qui ont obtenu par décret la qualité de citoyen français, ceux qui peuvent opter pour leur nationalité.

Quant à ceux de la première catégorie, nulle difficulté : ils sont inscrits à 20 ans.

Les individus qu'un décret admet à la qualité de Français sont inscrits lors de la formation de la première classe qui suit l'époque de leur changement de nationalité. Enfin pour ceux qui à vingt-et-un ans sont Français, mais peuvent, par une simple déclaration, cesser de l'être, de même que pour ceux qui sont étrangers, mais peuvent devenir Français par une autre déclaration, c'est le cas d'appliquer l'article 11 de la loi militaire.

Rappelons qu'en vertu de l'article 81, al. 3, loi milit., les hommes du contingent algérien sont, après une année de présence effective sous les drapeaux, envoyés dans la disponibilité s'ils ont satisfait aux conditions de conduite et d'instruction militaire déterminées par le ministre de la guerre.

Nous ferons deux observations dont la première ne concerne que les individus de la 3e catégorie. La seconde concerne à la fois ceux de la 2e et de la 3e catégorie, c'est-à-dire tous ceux qui ne doivent être inscrits qu'à un moment où leur classe d'âge a déjà été atteinte par le recrutement.

Première observation. — Puisque le contingent

n'est appelé que pour an, en principe, le tirage au sort est devenu inutile (1).

Cela n'empêche pas qu'il y ait lieu de procéder en séance publique à l'examen des tableaux de recensement. L'absence de tout tirage au sort ne modifie en rien ce que nous avons dit à propos de l'acquisition de la qualité de Français par suite de la participation aux opérations du recrutement.

DEUXIÈME OBSERVATION. — Quelles seront les obligations militaires des naturalisés ?

L'article 81 dans son alinéa 3 oblige à un an de présence effective sous les drapeaux les Français et *naturalisés Français.*

L'alinéa 6 défend aux *naturalisés Français* comme aux Français d'origine, de quitter l'Algérie avant trente ans, sous peine de devoir compléter dans un des corps de la métropole le temps de service actif exigé par l'article 37 de la loi militaire, c'est-à-dire trois ans.

On serait porté à conclure de cette identification deux fois répétée, que par dérogation à l'article 12, loi milit., les individus naturalisés et résidant en Algérie, obligés de figurer sur les tableaux de recensement de la classe immédiatement formée après leur naturalisation, doivent la même durée de service que cette classe.

(1) Rabany. *Op. cit.* t. II, p. 245.

Cette dérogation pourrait paraître, au besoin, annoncée par l'alinéa 2 de l'article 81. Il ne rend la loi militaire applicable à l'Algérie que sauf des modifications qu'il énumère précisément dans les alinéas suivants.

Ce serait prêter au législateur une intention que son langage ne révèle pas forcément.

Il n'est pas suffisant, en tout cas, pour laisser croire qu'on ait voulu oublier le principe déposé dans l'article 12, loi milit. Ce principe, que la naturalisation n'ayant pas d'effet rétroactif quant aux droits, n'en peut avoir non plus quant aux devoirs, est de stricte équité. Il ne faut pas admettre facilement que le législateur ait entendu y déroger. Ne serait-il pas absurde de se baser sur l'article 81, al. 3, pour exiger du naturalisé, quel que serait son âge, une année de service effectif ? On pourrait ainsi envoyer au régiment un vieillard sexagénaire s'il était encore valide. — Et cependant, la loi, nous le verrons, prêterait un peu, par ailleurs, à une absurdité du même genre (inf. p. 172.)

Aussi faut-il insister quelque peu sur les précédents. C'était la loi du 6 novembre 1875, qui, auparavant, déterminait les conditions suivant lesquelles les Français domiciliés en Algérie étaient soumis au service militaire. Dans son article 3, alinéa 1, songeant aux fils d'étrangers qui, à

22 ans, seraient devenus Français, elle désignait, expressément et limitativement, les fils d'étrangers nés en France, et ceux nés à l'étranger si leur père avait été naturalisé Français pendant leur minorité. Au cas où les uns auraient passé la déclaration de l'article 9 ancien du Code civil, où les autres n'auraient pas réclamé la nationalité étrangère que l'article 1 de la loi du 16 décembre 1874, leur permettait de réclamer, elle les inscrivait sur les tableaux de recensement.

L'alinéa 2 ajoutait immédiatement qu'après une année de service effectif, ces hommes n'étaient plus assujettis qu'aux obligations de leur classe d'âge. Bien certainement, tous n'ayant que 23 ans au plus appartenaient à une classe qui n'était pas encore libérée du service militaire dans l'armée active (art. 36, loi du 27 juillet 1872, rapp. de l'art. 26, loi du 6 novembre 1875).

La loi pouvait donc, dans l'alinéa 2 de l'article 3, les appeler à un an de service dans tous les cas.

Notre article 81 ne reproduit pas cet alinéa 2. En tant que cet alinéa n'assujettissait le naturalisé qu'aux obligations de sa classe d'âge, l'article 81 eût pris une précaution inutile (arg. art. 12 loi militaire). Il se contenta de généraliser la formule de l'article 3 de la loi de 1875 dans le but apparemment d'y envelopper le naturalisé par décret, lequel jusque-là échappait au service militaire.

Or, un décret de naturalisation peut intervenir à tout âge ; la classe d'âge du *naturalisé Français* peut appartenir à ce moment à la réserve.

En fait donc, il ne sera plus incorporé dans tous les cas et nécessairement, mais il sera au contraire soumis au droit commun de l'article 12, lequel aussi est applicable à l'Algérie.

On peut supposer, cependant, qu'au moment de la formation de la première classe qui suivra la naturalisation dont nous parlons, les hommes de la classe à laquelle le naturalisé appartient par son âge sont encore soumis au service militaire dans l'armée active. Il le sera lui aussi.

Si cette classe ne doit passer dans la réserve que dans un an, notre individu devra passer une année de présence effective sous les drapeaux. Après quoi il sera renvoyé dans ses foyers, non pas comme disponible, mais comme passant dans la réserve. Dès lors, il pourra venir en France avant 30 ans, sans avoir à craindre d'être forcé à faire deux années de service actif par application de l'art. 81 avant dernier alinéa de la loi militaire. Il n'a jamais dû en effet qu'une année de service actif. — Il peut se faire qu'au moment où la loi l'appelle à participer aux opérations du recrutement, les hommes de son âge viennent d'être appelés sous les drapeaux. Ces hommes auront été renvoyés en disponibilité au moment où se mettront en route pour rejoindre, les recrues de la classe avec laquelle notre naturalisé aura été recensé et aura subi l'examen du conseil de révision.

Cette situation sera celle notamment des étrangers devenus Français par le pur bienfait de la loi (articles 8, 4°, 12 (1) et 18 du Code civil). Nous déciderons que ces individus seront incorporés sauf à pouvoir être renvoyés en disponibilité après un an de présence effective.

En effet, c'est ici le cas de se rappeler que l'envoi en disponibilité n'est pas la libération du service actif. La classe d'âge du naturalisé n'est pas passée dans la réserve de l'armée active, elle n'y passera que dans deux ans. C'est si vrai que les hommes de cette classe, s'ils n'ont pas satisfait aux conditions de conduite et d'instruction exigées, ont pu être retenus sous les drapeaux.

Notre naturalisé sera incorporé dans l'année active pour deux ans, sauf, au bout de la première année, à être renvoyé en disponibilité dans ses foyers, s'il en est jugé digne (art. 81 al. 3 loi militaire).

On ne peut, au maximum, exiger de lui que deux années de service actif, ce qui reste à faire

---

(1) Remarquons que certains auteurs n'admettent pas le caractère collectif de la naturalisation obtenue en Algérie. M. Weiss ne l'admet pas tout au moins pour la naturalisation obtenue par un indigène. *Tr. théorique et pr. de droit int. pr.* I, p. 401.

aux hommes de son âge ; voilà ce que commande le principe déposé dans l'article 12 et dont l'article 81 étend l'application à l'Algérie comme aux colonies.

Aussi à supposer que notre individu, renvoyé en disponibilité après un an de présence au corps, transportât son domicile en France avant 30 ans révolus, il serait obligé d'accomplir dans un corps de troupe de la métropole, l'année qu'il a passée en disponibilité dans ses foyers. La loi, qui lui eût demandé partout ailleurs qu'en Algérie deux années de service, permet en effet de ne lui en demander qu'une, à raison de sa résidence en Algérie. C'est donc une remise d'une année que lui vaut cette résidence.

On comprend que ce bénéfice soit perdu si la condition de résidence vient à cesser à une époque où la loi veut encore qu'elle existe.

La situation toute particulière qui est faite en temps de paix aux hommes du contingent algérien amène, comme compensation, un surcroît d'obligations en cas de mobilisation générale. Les hommes qui à ce moment ont accompli leurs vingt-cinq années de service (1) sont incorporés

---

(1). La loi ne parle en réalité que de vingt années, mais c'est par suite d'une erreur matérielle. M. Saumur, p. 826, la corrige sans hésiter. Cf. Rabany, II, p, 245.

avec la réserve de l'armée territoriale et armés pour la défense de l'Algérie.

La loi ne fixe aucune limite d'âge; dès l'instant que le Français est encore valide, il doit contribuer à la défense du territoire algérien.

Il résulte de là que nulle classe, quel que soit son âge, n'est, à proprement parler, libérée des obligations militaires. Il n'est donc pas permis en Algérie, à l'homme âgé de 45 ans qui obtient la qualité de Français par naturalisation, de se prévaloir des instructions ministérielles (1) qui, dans la métropole, l'exemptent de toute participation aux opérations de recrutement. Au contraire, il doit se présenter devant le conseil de révision pour que celui-ci puisse décider de son aptitude physique au service militaire, s'il est encore à un âge qui n'exclut pas toute présomption de validité.

III. — Aux autres colonies.

Si, dans les colonies autres que l'Algérie et la Réunion, on n'a pas encore décrété l'obligation du service militaire à la charge de tous les Français, il ne s'ensuit pas qu'effectivement le devoir de

(1) Instruction du 4 décembre 1889, n⁰ˢ 22 et 24 *in fine.*

concourir à la défense nationale et de servir sous les drapeaux ne vienne jamais atteindre ceux qui y résident. La loi militaire, au contraire, a, en principe, exigé l'inscription sur les listes de recensement de tous les Français domiciliés dans l'une des communes de chaque canton métropolitain (art. 10). C'est également sur les listes de la commune où ils sont domiciliés que doivent figurer, d'après les indications de l'article 11, les individus qui peuvent devenir Français par option, et d'après l'article 10 et 12 combinés ceux qui deviennent Français par les différents modes prévus à ce dernier texte.

Le domicile dont il s'agit ici n'est pas le domicile ordinaire que le Code civil a déterminé quant à la jouissance des droits civils. C'est, à proprement parler, un domicile spécial au recrutement, et dont la détermination, réglée par l'article 13 de la loi militaire, s'écarte en plus d'un point des règles tracées par les articles 102 et suivants du Code civil.

Comme son devancier de 1874, auquel il empruntait presque textuellement l'article 13, le législateur de 1889, a été conduit « à créer une présomption légale de domicile qui ne laisse personne échapper au service, grâce à un domicile douteux ou incertain (1) ».

(1) Merillon, *op. cit.* p. 134.

Dans sa pensée, toutefois, puisqu'il entendait mettre la loi sur le recrutement en vigueur dans toutes nos colonies, cette présomption n'était peut-être pas aussi impérieusement dictée à l'égard des jeunes gens résidant dans ces colonies, qu'à l'égard de ceux qui auraient pu prétexter un domicile ordinaire établi à l'étranger.

L'article 13, cependant, prévoit expressément la possibilité pour les premiers d'être inscrits dans la métropole (article 13, alinéa final).

Grâce à cette précaution, ces jeunes gens, qui, provisoirement, ne peuvent être recensés au lieu de leur résidence, puisque le recrutement n'y est pas encore appliqué, peuvent et doivent l'être en France, s'ils y ont ce domicile militaire que leur donne la loi.

Ils l'y auront si leur père, ou, à défaut, si leur mère, ou si leur tuteur, sont eux-mêmes domiciliés en France (article 13, 1° et 2°). Ils l'y auront encore si leur père, jadis domicilié en France, s'est expatrié ; c'est-à-dire, croyons-nous, s'il s'est rendu *à l'étranger*.

S'il s'est, au contraire, rendu dans les *colonies*, on ne peut dire qu'il s'est *expatrié* (1) ; partant, le domicile légal du jeune homme n'est plus dans la commune métropolitaine, ancien domicile du

______

(1) V. Le *Dictionnaire de l'Académie*.

père. Il est à Taïti, à Madagascar, ou aux Antilles, où le père s'est rendu. C'est là qu'il doit être recensé, là seulement (1).

Si, ces points établis, on se rend compte de la diversité des éléments qui composent la population de nos colonies, il apparaît immédiatement que, dans l'état actuel des choses, ne sauraient, en principe, jamais être tenus des obligations du service militaire :

1°) Les descendants de Français émigrés, les créoles pour les désigner d'un mot.

2°) Les noirs et les mulâtres de nos Antilles et les individus qui y furent introduits ou dont les auteurs y furent introduits sous le régime de l'immigration.

3°) Les indigènes de nos autres colonies.

Ces individus, sans aucune attache matérielle avec la France métropolitaine, que leurs auteurs ont quittée, s'ils y ont jamais été domiciliés, ne sauraient devoir être inscrits dans un des cantons de la métropole.

Exceptionnellement, cependant, il peut se faire que leur père, ou a défaut du père, leur mère ou leur tuteur, vienne se fixer en France, avant que l'enfant ou le pupille ne soit en âge de figurer sur les listes de recensement. Dans ce cas, s'ils sont

(2) Inst. du 4 décembre 1889, n° 16.

Français, ce que nous supposons (1), ils auraient, à l'âge requis, à participer aux opérations du recrutement.

Il arrivera plus fréquemment, que le fils de Français ou que l'enfant né en France d'un étranger soit appelé à tirer au sort dans la commune où son père, resté en France ou expatrié, a ou a eu son domicile.

Dans ces trois cas, la loi militaire mise en présence de la nationalité de l'intéressé, aura sur elle cette influence décisive que nous connaissons déjà, soit quant à sa fixation immédiate, soit quant à sa persistance obligatoire.

I. — Imaginons le cas de l'enfant, né en France d'un étranger. Il réside aux Antilles. Il sera obligé de tirer au sort dans l'année qui suit sa majorité, fixée à 21 ans. S'il excipe de son extranéité, il sera rayé à condition de faire les preuves de l'article 8, 4° du Code civil (2). Si, au contraire, il accepte de tirer au sort, il devient immédiatement Français.

---

(1) Nous entendons par être Français, être citoyen, jouir de la pleine cité française, et dans toute les parties du territoire, pouvoir, à ce titre, exercer les droits et supporter les charges qui en sont inséparables. Dans l'élément indigène, la qualité de Français, ainsi entendue, n'appartiendra jamais qu'aux indigènes de nos possessions de l'Inde ou de la Cochinchine. Encore devront-ils l'acquérir. Cf. Weiss, p. 415-417 et s.

(2) Il pourra lui être impossible d'établir qu'il a dans son pays

C'est l'application pure et simple de l'article 11 de la loi militaire.

La loi du 26 juin 1889 étant applicable aux Antilles, l'expression « né en France » que nous avons employée, peut être remplacée par « né aux Antilles ». L'hypothèse nous met alors en présence soit d'un individu de race africaine, ou chinoise, ou indoue, dont le père arriva jadis comme immigrant, soit d'un fils de travailleur libre, d'origine étrangère. La solution ne change pas.

La loi militaire cependant n'est pas encore mise en vigueur aux Antilles. On n'est donc pas autorisé, semble-t-il, en se fondant sur l'esprit qu'elle manifeste dans l'article 11, à restreindre le délai d'un an que la loi du 26 juin 1889, dûment promulguée aux Antilles, elle, — laisse aux enfants d'étrangers.

Il n'y a dans cette objection qu'un trompe-l'œil. La loi militaire commande à des Français qui résident à l'étranger. Ce n'est pas, cependant, qu'elle soit en vigueur à l'étranger. C'est parce qu'ils ont leur domicile dans la France continentale. — Il est bien certain, de même, que la loi sur le recrutement de l'armée n'est pas encore mise en vigueur aux

répondu à l'appel sous les drapeaux, par la raison qu'il n'y a peut-être pas été appelé. C'est le cas de tenir compte des mots, *s'il y a lieu* de l'article 8, 4° C. civ.

Antilles, mais elle l'est dans la France continentale, et on ne peut nier qu'elle atteigne, à raison de son domicile militaire dans la métropole, celui qui habite les Antilles.

D'autres difficultés surgissent, si l'on suppose un fils d'étranger résidant dans les colonies soumises au régime du décret du 7 février 1897. Ce décret, longtemps attendu, puisqu'il était annoncé par l'article 5 de la loi du 24 juin 1889, donne à l'article 9 du Code civil la teneur suivante :

« Tout individu né aux colonies d'un étranger « et qui y réside peut, sur sa demande formée « dans l'année de sa majorité, être, sans autres « conditions, naturalisé par décret ».

La naissance dans les *colonies* équivaut à la naissance dans la *Métropole*, en ce qui concerne la première condition d'application du *jus soli*, c'est-à-dire, la naissance en *France* (1).

L'enfant qui nous occupe peut donc devenir Français par déclaration, s'il remplit les autres conditions exigées par l'article 9 du Code civil (red. de la loi) c'est-à-dire : fixation de son domicile dans la métropole, manifestation de volonté faite devant le juge de paix.

Il semblerait dès lors, que, résidant en France, puisque nous le supposons en résidence aux colo-

______

(1) Audinet « La nationalité aux colonies » dans Clunet, 1898.

nies, pouvant par ailleurs faire les déclarations de l'article 9, il doive être atteint par la loi militaire, article 11, et être inscrit dans la commune métropolitaine où, par hypothèse, se trouve domicilié son père (art. 11 et 13 comb.). Il n'en est rien.

Par contre, si, à la suite d'une erreur commise, il a été porté sur les tableaux et a pris part aux opérations de recrutement, il est devenu Français. Nous verrons plus loin la raison de ces deux solutions qui paraissent s'exclure l'une l'autre.

En modifiant quelque peu l'hypothèse, si nous supposons un jeune homme né dans la *métropole*, fils d'étranger du reste, mais résidant dans une colonie, sa nationalité, au premier abord, n'apparaît pas nettement, partant sa situation vis-à-vis de la loi militaire. D'un côté, en effet, il n'est pas visé par les termes de l'article 9 du C. civ. (red. du décret) puisqu'on n'y parle que d'un individu *né aux colonies*. Il est certain, de l'autre, qu'il ne peut, s'il atteint sa majorité au cours de sa résidence aux colonies, se prévaloir de l'article 8, 4° de la loi du 26 juin 1889. Cette loi n'y est pas applicable.

Selon nous, cet individu pourra, par *a fortiori*, obtenir le décret dont parle l'article 9 du C. civ. (rédaction du décret) ou devenir Français par la déclaration prévue à ce même texte (rédaction de la loi du 26 juin 1889). Par le premier mode, il peut devenir Français sans être obligé de se déplacer, mais il n'est pas certain d'obtenir la faveur qu'il sollicite. Par le second mode, au contraire, sa déclaration devant être forcément enregistrée s'il remplit les conditions voulues par la loi, et n'est pas reconnu indigne, (art. 9, al. 2 et 4, C. civ., réd. de la loi du 26 juin 1889, mod. par la loi du 22 juillet 1893) il n'a rien à craindre de l'arbitraire du gouvernement. Au nombre des conditions requises cependant se trouve la fixation de son domicile dans la métropole. Il devra donc se résigner à un coûteux déplacement s'il entend devenir Français par déclaration.

Rentré dans la France continentale, il tomberait théoriquement sous le coup de l'article 11 de la loi militaire. Cet article, c'est ce qu'il faut remarquer, n'était pas applicable jusque là. Il n'exige, en effet, l'inscription sur les listes de recensement des individus pouvant devenir Français par déclaration que si ces individus résident en France, au milieu des jeunes gens de leur âge que la loi militaire appelle à vingt ans en leur seule qualité de Français.

La raison d'être de l'art. 11 de la loi militaire fait défaut aux colonies dans lesquelles il n'est pas encore procédé à l'appel sous les drapeaux.

L'article 11, de plus, en exigeant l'inscription

des jeunes gens qui résident en France et peuvent devenir Français par déclaration, suppose que leur résidence même favorise cette déclaration. Or, tant qu'ils résident dans nos colonies, la déclaration, que ne connaît pas le décret du 7 février 1897 seul applicable, y est impossible.

Tant que nos individus continuent à résider aux colonies ils ne sont donc pas obligatoirement inscrits.

Que s'ils l'étaient par erreur, on devrait admettre l'application de l'article 9 § final du Code civil, en supposant qu'ils aient pris part aux opérations du recrutement, ce qu'ils peuvent faire d'ailleurs sans déplacer leur résidence. Cette dernière solution est importante à constater. Elle offre le moyen de devenir Français en obéissant à la loi militaire quand elle ne demande qu'un an de service effectif ou même quand elle en dispense totalement.

Nous disons, avant de démontrer notre solution, qu'elle ne contredit pas celle que nous avons donnée en ce qui concerne l'inscription obligatoire de l'article 11 de la loi militaire.

En effet, ce n'est pas à la résidence dans la France métropolitaine que l'article 9 § final attache l'acquisition de la qualité de Français. C'est à la participation des opérations de recrutement auxquelles on y procède. Il suffit comme seconde con-

dition que cette participation émane d'un enfant
né d'un étranger sur le territoire Français. Dès
qu'il y a participation de la part d'un inscrit de
cette catégorie, il y a lieu à l'application de l'article 9 § final, puisque cette participation se passera toujours au domicile de l'inscrit c'est-à-dire
dans la métropole, sous l'empire exclusif de la
loi du 26 juin 1889. Peu importe la résidence
habituelle de l'inscrit, à l'étranger ou aux colonies.

Cette participation effective aux opérations du
recrutement pourra être plus fréquente qu'on ne
le croirait au premier abord, s'il est vrai, comme
nous le faisions remarquer, qu'elle n'exige pas le
déplacement de l'inscrit, mais peut consister dans
la réclamation du bénéfice des articles 81 et 82
de la loi militaire.

Il s'empressera, en effet, s'il en remplit les conditions, de se prévaloir de l'article 82 de la loi du
15 juillet 1889. Cet article étend à certaines conditions le bénéfice de l'article 59, c'est-à-dire,
dispense de tout service effectif dans l'armée active, tout individu inscrit dans la métropole mais
résidant aux colonies.

En faisant cette réclamation, l'inscrit devra être
forcément considéré comme ayant participé aux
opérations du recrutement, bien qu'il ne se sera
présenté en personne ni au tirage au sort ni au

conseil de révision tenus dans la métropole (1). Il manifeste suffisamment par cette réclamation qu'il accepte d'être traité comme Français et d'obéir à la loi militaire qui atteint tous les Français. Loin de vouloir lui échapper il se réclame au contraire expressément de ses dispositions. Il y a dans sa façon de faire plus que le silence dont se contente l'article 11 de la loi militaire, il y a véritablement une *participation* réelle et suffisante aux opérations de recrutement.

Si le jeune homme avait son domicile de recrutement et en conséquence était inscrit sur les listes de recensement de l'Algérie ou de la Réunion où fonctionnent parallèlement, comme en France, la loi militaire et l'article 9 du Code civil modifié, il pourrait, comme s'il était inscrit dans la métropole, réclamer le bénéfice de l'article 50, et, ce faisant, devenir Français (article 82, alinéa 2).

S'il réside, au contraire, dans une colonie où

---

(1) La non-présence ne rend seulement impossibles que les réclamations élevées par les jeunes gens *contre* les opérations du tirage au sort et l'examen des tableaux de recensement. Ces réclamations sont en effet *entendues*, tandis que les causes de dispense et d'exemption sont *jugées* (art. 18 loi milit.) — Il n'est pas nécessaire que l'intéressé soit présent, il est procédé comme s'il était présent (Art. 19, § 3, loi milit). Cf. Rabany, I, p. 306.

stationnent des troupes françaises, il ne doit être appelé que pour un an. L'article 81, § 3, de la loi militaire qui formule cette règle, rapproché du § 4 et de l'article 82, ne fait aucune différence pour ce cas, suivant que le jeune homme est inscrit sur les listes de la métropole ou sur les listes d'une colonie. A la vérité, en l'état actuel, cet article 81, § 3, ne fonctionne pas pour les jeunes gens qui résident aux colonies et n'ont leur domicile de recrutement ni dans la métropole, ni en Algérie, ni à la Réunion. Ceux-là ne sont même pas recensés. Rien n'empêche qu'il fonctionne pour les autres.

Ces jeunes gens s'empresseront de faire valoir la situation privilégiée que leur fait la loi à raison de leur résidence même.

En fait, d'ailleurs, qu'il réside dans une colonie dans laquelle des troupes stationnent ou non, l'inscrit qui n'aura pas voulu se déplacer aura demandé à se faire visiter au lieu de sa résidence.

Cette circonstance dont il nous faut tenir compte achèvera d'établir la participation effective qu'exige la loi (1).

(1) Les instructions ministérielles du 4 décembre 1889 nᵒˢ 30, 31 et 75, du 28 mars 1890 nᵒˢ 44 et suiv. relatives aux opérations pour la formation des classes, ne prévoient cette visite sur place que si l'inscrit réside en pays étranger, ou en France dans un département autre que celui où il est domicilié. Si le procédé n'a rien d'illégal par lui-même, il ne semble pas qu'un préfet ne

On peut supposer un enfant né d'un étranger ci-devant Français. Cette circonstance influera-t-elle sur la nationalité de cet enfant appelé à concourir au tirage au sort dans la métropole ?

S'il réside aux Antilles, il peut devenir Français par déclaration aux termes de l'article 10 du Code civil modifié par la loi du 26 juin 1889. Cette déclaration peut être faite à tout âge, nous le savons. Mais à raison de l'obligation où il peut être, s'il est né en territoire français, de tirer au sort dans le cours de sa 22ᵉ année, il sera déchu du bénéfice de l'article 10, s'il se prévaut, à ce moment, de son extranéité (1).

puisse en faire bénéficier l'inscrit qui résiderait dans une de nos colonies.

(1) A nous en tenir à l'esprit de la loi et puisqu'il n'est pas encore procédé aux Antilles aux opérations du recrutement, la raison d'être de l'art. 11 loi milit. fait défaut. En conséquence, nous ne forcerions pas l'intéressé à se prononcer dans l'année de sa majorité. Il ne serait pas déchu du bénéfice de l'art. 10 C. civ. à raison de la disposition finale de cet article. Mais nous verrions en lui un ex-Français s'il répudiait la nationalité française conformément à l'article 8, 4° C. civ. Comme tel, il ne pourrait plus se réclamer que de l'art. 18 C. civ. S'il ne répudiait pas, il serait inscrit conformément à l'art. 12 loi milit.

Cependant la lettre de l'art. 11, loi milit., est formelle. Puisque cet enfant réside en France, par hypothèse, il doit être inscrit dans le cours de sa 22ᵉ année. Nul doute, après ce que nous savons déjà (*sup.* p. 51 et s.) que ce parti ne soit celui de l'administration militaire.

On peut s'y rallier. Il faut alors décider comme au texte pour l'enfant qui aurait répudié. V. *sup.* p. 78.

S'il réside aux autres colonies ? L'article 10 du Code civil, dont il peut se prévaloir, est ainsi modifié par le décret du 7 février 1897 (article 1).

Article 10. « Tout individu né en France, aux « colonies, ou à l'étranger, de parents dont l'un a « perdu la qualité de Français, et qui réside aux « colonies, peut, à tout âge, être naturalisé par dé-« cret (1) ».

La nécessité d'obtenir un décret de naturalisation soumet le postulant aux investigations de l'enquête préalable. Il peut être éconduit par le gouvernement, s'il paraît indigne de la faveur qu'il sollicite. Il n'était donc pas besoin de la restriction par laquelle la loi du 26 juin 1889 termine l'article 10 du Code civil.

Cette conséquence s'allie très bien avec une autre considération. Nous avons vu, en effet, que cette restriction ne s'adressait qu'à ceux devant *obligatoirement* figurer sur les tableaux de recensement, en vertu du principe déposé en l'article 11 de la loi militaire. Or, tant qu'il réside aux colonies régies par le décret du 7 février 1897, le fils de l'ex-Français ne saurait, en aucun cas, être inscrit obligatoirement dans la métropole, par application de la loi militaire. En effet, jusque là

______

(1) Ce texte vise formellement l'enfant né dans la métropole, à la différence de l'article 9 auquel notre décret donne une rédaction d'autant plus difficile à expliquer.

Il n'a pas la possibilité de devenir Français par déclaration, il ne peut donc pas être question de le mettre en demeure d'opter.

II.— Ce que nous avons dit jusqu'à présent n'avait trait qu'à l'enfant né en France ou aux colonies d'un père étranger. Mais il est d'autres habitants de nos colonies dont l'assujettissement au service militaire, quand ils ont leur domicile de recrutement dans la métropole, ne saurait faire difficulté.

Nous voulons parler des individus irrévocablement Français par leur naissance ou par naturalisation, en vertu du Code civil modifié soit par les lois du 26 juin 1889 et 22 juillet 1893, soit par le décret du 7 février 1897, — en vertu aussi de certaines dispositions spéciales aux indigènes de l'Inde et de la Cochinchine. Ces individus à quelque race qu'ils appartiennent, par leurs obligations militaires, dès qu'elles existent, tombent sous l'application de l'art. 17.-1° C. civ.

La rédaction de l'art. 17-1° est la même soit dans la loi du 26 juin 1889 soit dans le décret du 7 février 1897. Nous savons ce qu'il faut entendre par obligations militaires dans cet article.

Il importe peu, qu'à raison des dispositions de l'article 81 § 3 et 82 de la loi militaire, ces obligations se réduisent à une seule année de service effectif dans l'armée active ou même sont réduites jusqu'à permettre une dispense totale de service effectif.

Même dans ce dernier cas, il est certain, d'une part, que, malgré la dispense dont il bénéficie, le Français appartient à l'armée active ou à sa réserve, si son âge n'est pas encore assez avancé pour le ranger dans l'armée territoriale.

D'autre part, il existe à sa charge, outre l'obligation générale dont nous parlerons tout à l'heure, une obligation conditionnelle. Il peut être appelé à faire une année de service, sans d'ailleurs pouvoir être retenu après 30 ans, si, avant cet âge, le gouvernement vient à mettre des troupes dans la colonie où il réside (article 81,§4 de la loi militaire.)

Ces remarques faites, demandons-nous si les entraves apportées par l'article 17,1°, à la dénationalisation du Français, ne sont pas aggravées ici pour les Français ayant bénéficié de ce régime particulier aux colonies. Ils ne peuvent pas venir en France avant 30 ans accomplis (article 81, § 3, loi militaire), sous peine d'être incorporés aussitôt. Peuvent-ils se rendre à l'étranger ?

On peut le soutenir en argumentant des termes mêmes de la loi, elle entend ne défendre que le retour dans la métropole. C'est la théorie du ministère de la guerre (article 286 de l'Instruction du 28 décembre 1895) (1).

(1) Saumur, p. 33.

Contre elle s'élèvent cependant des considérations tirées de l'esprit de la loi. Le § 3 surtout, dans une certaine mesure aussi, le § 2 de l'article 81, ont voulu attirer et retenir le jeune Français dans nos colonies (1). C'est aussi le but poursuivi par l'article 82. Il est vrai, d'autre part, que le législateur allège également les charges militaires des Français qui vont à l'étranger, hors d'Europe.

Mais il le fait quand c'est la métropole que quitte notre compatriote. Tout est profit pour la France dans ce cas. Son commerce et son industrie se répandront d'autant plus dans le monde qu'il se trouvera plus de jeunes Français entreprenants et hardis pour aller au loin les représenter.

Le départ pour les pays étrangers des jeunes Français de nos colonies doit être apprécié défavorablement, au contraire. Bien plus, ce n'est qu'à certaines conditions que le séjour à l'étranger est encouragé et peut dispenser du service militaire.

Ces conditions (séjour dans un pays hors d'Europe, dès avant l'âge de 19 ans, avis du consul de France et décision discrétionnaire du conseil de révision), ne se retrouvent pas ici. Par hypothèse,

____

(1) Roussel *La nouv. législat. du recrutement de l'armée,* n° 56 al. 2.

l'intéressé ne part pour l'étranger qu'à un âge plus avancé.

Pour nous donc, il devrait être immédiatement incorporé, s'il venait à quitter la colonie avant 30 ans.

L'autorisation qu'il obtiendrait du gouvernement ferait sans doute que, conformément à l'article 17, 1° C. civ., il pourrait devenir étranger pour la loi française. Mais nous savons que l'autorisation prévue à cet article ne décharge pas des obligations militaires. Elle ne ferait donc pas que, par le fait même de s'être fixé à l'étranger, notre individu n'ait dû recevoir des autorités militaires l'ordre de se mettre en route pour venir accomplir le temps de service que lui réclamait la loi militaire (art. 81, § 3). S'il ne s'y est pas conformé, il est insoumis. Sa qualité d'étranger acquise ultérieurement, si elle empêche dorénavant toute incorporation, le laisse exposé, jusqu'à prescription, aux sanctions pénales de l'insoumission, qui le menaçaient dès avant sa naturalisation (1). — Cette perspective peut faire que le Français, dans notre hypothèse, ne songe pas avant 30 ans à se faire naturaliser en pays étranger.

La théorie que nous venons d'exposer n'est plus exacte toujours, quand il s'agit du Français

(1) V. *sup.* p. 145.

ayant demandé, et obtenu, le bénéfice de l'article 50 par application de l'article 82 de la loi militaire.

L'article 82, en effet, ne contient explicitement aucune restriction à la liberté dont jouit tout Français de fixer son établissement où il veut. Si, pour le Français qu'il vise, une restriction de ce genre existe, c'est celle de l'article 50 auquel il est renvoyé. Ce Français ne peut quitter la colonie pour rentrer en France avant 30 ans.

S'il la quittait pour aller dans un pays étranger hors d'Europe, n'y aurait-il pas exagération à le priver du bénéfice d'une dispense, pour l'obtention de laquelle il a rempli et remplit encore toutes les conditions? Ces conditions sont les mêmes, que la dispense soit attribuée à raison de l'établissement dans une des colonies que désigne l'article 82, ou à raison de l'établissement dans un pays extra-européen. On ne voit pas pourquoi, celui qui tout d'abord l'aurait obtenue à l'un quelconque de ces titres, ne pourrait pas plus tard en profiter à l'autre.

Nous permettrons au Français qui nous occupe d'aller se fixer avant 30 ans à l'étranger — hors d'Europe tout au moins, — sans encourir la déchéance inscrite dans l'article 50. Rien ne l'empêchera donc de s'y faire naturaliser valablement, même avant 30 ans, s'il obtient l'autorisation prévue par l'article 17, 1° du Code civil. Avec la même autorisation et à raison de la tolérance de trois mois admise par la loi (art. 50, loi milit.), il pourra se faire naturaliser en Europe, v. g. en Allemagne, la législation allemande n'exigeant aucun stage pour la naturalisation.

IV. — Dans les pays de protectorat.

Les pays soumis au protectorat français ont conservé leur souveraineté particulière et comme conséquence une nationalité distincte et une législation propre. Les Français qu'on y rencontre sont des expatriés, Français d'origine ou Français naturalisés « établis » dans le pays protégé, dit la loi militaire, (articles 81 et 82). D'autres, en petit nombre, sont nés dans le pays de parents Français. Enfin, à raison des relations plus intimes que nous entretenons avec ces pays, et, sans doute aussi, pour leur imposer plus sûrement et plus facilement notre civilisation et nos mœurs, pour arriver à exercer sur eux une influence plus efficace, il a paru bon au gouvernement de recruter des nationaux Français au sein même des populations protégées. Deux décrets ont été rendus en 1887 (1),

(1) Tous deux portent la date du 29 juillet 1887.

qui permettent aux indigènes et aux étrangers habitant la Tunisie ou nos protectorats d'Indo-Chine (Annam, Tonkin, Cambodge) d'acquérir la nationalité française avec des facilités très grandes.

Tous ces Français, s'ils sont sans aucun lien, soit avec la métropole, soit avec l'Algérie, échappent complètement au service militaire tant qu'ils résident dans les pays protégés. On n'y conçoit pas, en effet, les opérations du recrutement des armées françaises. Mais s'ils quittaient le pays protégé et venaient plus tard, soit en Algérie, soit dans la métropole, ou si d'une façon quelconque ils venaient à y avoir le domicile de l'article 13, ces individus devraient-ils être inscrits sur les premières listes formées après l'acquisition de ce domicile, en qualité d'omis excusés ? (art. 17 de la loi du 15 juillet 1889, mod. par la loi du 2 février 1891).

Devraient-ils être astreints à faire partie de l'armée active, et à fournir le service effectif exigé par la loi, quel que serait leur âge et tant qu'ils n'auraient pas 48 ans ? (article 15, comb. articles 37, 38 et 81, loi militaire).

Nous répondons non. On ne peut, en effet, considérer comme omis que l'individu n'ayant pas été inscrit alors qu'il devait l'être. Quant à celui qui n'a jamais dû être inscrit, on ne peut lui faire grief de l'inaccomplissement d'obligations qui ne lui ont jamais été imposées. Il faut aller plus loin et dire, que si on voulait alors les inscrire même pour ne leur faire supporter que les obligations de leur classe d'âge, on ne pourrait le faire. La portée de cette observation est générale. Elle s'adresse à ceux qui résident aux colonies, et qui, à l'âge voulu, n'ont pas été atteints par la loi militaire celle-ci n'y étant pas encore en vigueur. Ces jeunes gens ne sont pas des omis. Le gouvernement l'a compris, lorsqu'il s'est agi d'appliquer la loi militaire à l'île de la Réunion (Loi du 1ᵉʳ août 1895). Il n'a cependant respecté qu'à moitié ce que nous considérons comme la vérité juridique. Par décret du 28 mars 1896 (art. 1), il a, en effet, prescrit l'inscription sur les tableaux de recensement formés pour la première fois en 1896, des hommes ayant atteint 20 ans en 1889, 1890, 1891, etc., en décidant de ne les astreindre qu'aux obligations encore dues par leur classe d'âge.

Les principes admis par la loi militaire nous semblent condamner une pratique semblable. Sans doute on doit reconnaître qu'une loi sur le recrutement de l'armée est au premier chef une loi d'ordre public, qu'aucun droit acquis dans le passé ne peut par conséquent lui faire obstacle. Mais le moyen d'inscrire sur les listes de recensement ceux qui échappent par leur âge aux articles 10, 11 et 12, et en dehors de toute hypothèse d'omission ? (arg. art. 93, loi milit.).

Disons un mot des Français atteints par la loi militaire et résidant dans les pays protégés. Ils sont, à raison même de cette résidence, dans une situation favorisée au point de vue militaire. Les dispositions qui la règlent sont d'ailleurs assez obscures.

Si dans le pays protégé ne résident pas de troupes françaises, ils peuvent se prévaloir de l'article 82, loi milit. Encore faut-il qu'ils soient inscrits sur les listes de recensement de la métropole, comme cela résulte de l'article 82, alinéa 2. S'ils sont inscrits en Algérie ou à la Réunion, ils devront rejoindre là. Si, au contraire, dans le pays protégé résident des troupes françaises, ils peuvent réclamer l'application de l'article 81, alinéa final, qu'ils soient inscrits en Algérie, à la Réunion ou dans la métropole. Ils ne font qu'un an et ils le font dans un des corps de troupes résidant dans le pays.

Il est vrai que l'application de l'article 81 final n'a encore été prévue et organisée que pour les jeunes Français résidant en Tunisie par l'instruction ministérielle du 28 décembre 1896. Pour ceux résidant dans nos autres protectorats (Extrême-Orient) des instructions sont toujours attendues (1).

___

(1) Saumur. *Dict. du recrutement*, page 31, note 1.

Jusqu'à leur apparition, ces individus continue-
ront à devoir rejoindre la métropole, l'Algérie,
ou la Réunion, et à être assujettis à la durée de
service qui est réclamée du contingent auquel ils
appartiennent.

TROISIÈME PARTIE

LES CONVENTIONS INTERNATIONALES

Les dispositions de la loi française peuvent ne pas se concilier avec celles qu'adoptent les lois étrangères en matière de nationalité. En fait, les conflits sont nombreux.

Sous les auspices de l'Institut de droit international, les jurisconsultes les plus éminents de chaque pays s'efforcent de tracer les règles idéales et propres à écarter les difficultés (1), en notre matière comme en bien d'autres. Il faut souhaiter que les Etats s'en inspirent de plus en plus.

Ce n'est pas d'ailleurs qu'il faille espérer l'adoption d'une règle uniforme, obtenant dans tous les pays l'agrément du législateur. Serait-ce un progrès (2) ?

(1) Cf. un rapport présenté par M. Weiss, 30 septembre 1896. Clunet, 1897, p. 436.

(2) Cf. Laurent. *Principe de droit civil international*, tome 3, n° 251, p. 435. — Geouffre de Lapradelle, *op. cit.* p. 388 et s.

Nous pensons qu'en fait, cet état nouveau est bien éventuel. Les préoccupations de sa défense par ces temps de paix armée, se font de plus en plus sentir dans la législation de chaque Etat en matière de nationalité.

La France, notamment, aux prises avec le problème de plus en plus menaçant d'une constante dépopulation, ne semble pas devoir s'inspirer, de longtemps encore, de principes uniquement scientifiques.

Dans sa pleine souveraineté, elle seule est juge des besoins auxquels il lui faut faire face. Tous les Etats font comme la France. Ils ne s'occupent que d'eux-mêmes et vont au but pratique qu'ils doivent atteindre.

A aucun point de vue, cependant, les conséquences d'une double nationalité ne sont plus redoutables qu'au point de vue du service militaire. Pour l'intéressé que deux patries réclament en même temps, la situation est réellement malheureuse. Il encourt nécessairement dans un des deux pays les peines de l'insoumission. Il est exposé en temps de guerre aux peines plus terribles qui sont portées contre quiconque s'arme contre son pays (1).

L'opinion publique s'émeut quand une pareille

____

(1) V. art. 75 du Code pénal.

situation lui est dénoncée. Elle réclame l'intervention des pouvoirs publics. Mais les Etats, indépendants dans leur souveraineté, n'affichent que trop souvent des prétentions réciproques qui restent irréductibles. Une entente, faite de concessions de part et d'autre, est assurément le moyen théorique qui permet seul l'établissement d'un *modus vivendi* équitable. L'intérêt des individualités exigerait des conventions aussi nombreuses que possible. Il commande impérieusement l'accord chaque fois que les difficultés d'un Etat avec un autre État sont, en quelque sorte, passées à l'état de mal chronique.

L'Espagne a connu ces difficultés avec les nations américaines qui lui étaient autrefois soumises, du jour où celles-ci naquirent à l'indépendance (1). Elle a fini par s'entendre avec elles.

Les Etats-Unis chez qui se déversent le courant continu de l'émigration européenne ont eu des démêlés avec tous les Etats de l'Europe. Ils ont pris fin vis-à-vis de beaucoup d'entre eux par la conclusion des traités Bankroft (2).

---

(1) Cf. Cogordan, p. 46 et s.

(2) Cf. Cogordan, p. 236 et s. V. aussi, sur les pourparlers entre les Etats-Unis et la Suisse et la nature des difficultés qui divisaient ces deux pays, Roguin, *Conflits des lois suisses*, p. 47.

La Suisse a signé des traités avec l'Allemagne et avec l'Italie (1).

La France a entamé des négociations avec la Suisse et la Belgique ; il en sortit les conventions du 23 juillet 1879 et du 30 juillet 1891 que nous étudierons. Elle n'est pas entrée résolument dans la voie des arrangements diplomatiques. D'une part, en effet, nous le constaterons chemin faisant, les traités qu'elle a passés sont loin de régler tous les cas de conflits entre la loi française et la loi suisse ou belge, en matière de nationalité.

D'autre part, les questions de nationalité nous ont souvent mis aux prises, et le peuvent encore, avec des États qu'aucun arrangement n'a lié jusqu'ici vis-à-vis de nous. Il suffit de citer les États-Unis (2) et les États de l'Amérique latine (3).

Il y a une raison qui explique cette réserve. Le gouvernement français l'a quelquefois avouée, notamment en réponse aux ouvertures émanées des autorités suisses ou américaines (4). Elle est mise en avant dans tous les États militaires de

—————

(1) Traité du 27 juin 1876 avec l'Allemagne. Cf. Roguin, p. 37 ; de 1868, avec l'Italie, *ibid.* p. 35.

(2) Cogordan, p. 263.

(3) Cogordan, p. 49.

(4) Cf. Lettre de M. de Broglie au ministre de Suisse à Paris. Livre jaune de novembre 1873, p. 104. — Dépêche de M. Vignaud chargé d'aff. des États-Unis à Paris, du 13 novembre 1884, dans Cogordan, p. 268.

l'Europe. C'est qu'il ne faut pas, en convenant de règles bien nettes et bien précises, fournir aux mauvais citoyens le moyen d'échapper à la loi militaire, en acquérant une nationalité étrangère dans les conditions prévues.

Les diplomates ont essayé d'un accord qui paraissait plus praticable, parce qu'il n'exigeait pas l'abandon définitif des nationaux et ne favorisait pas, d'autre part, ces calculs peu dignes mais trop réels qu'il faut toujours craindre.

L'usage sembla un moment s'établir, entre deux nations réclamant chacune de leurs nationaux le service militaire, d'une convention permettant à ces derniers l'accomplissement de leur devoir militaire dans celui des deux pays où ils résideraient.

Sauf quelques variantes, c'est la combinaison admise par la convention franco-espagnole du 7 février 1862, c'est celle que nous proposait la Suisse en 1864, c'est celle que l'Espagne a signée avec l'Italie (1).

Nous étudierons la convention franco-espagnole.

Cette étude nous montrera que l'idée mise en pratique dans ce document international est sans avenir. Elle est trop directement opposée avec cette autre, qu'aux nationaux, et à eux seuls, doit

____

(1) Art. 2 § 2 du traité de commerce conclu entre l'Espagne et l'Italie le 21 juillet 1884, mentionné dans Clunet, 1885, p. 94.

être réservé l'honneur et incomber le devoir de servir sous les plis du Drapeau.

I. — Convention franco-espagnole du 7 janvier 1862 modifiée par la déclaration du 2 mai 1892.

Le 7 janvier 1862, une convention consulaire était signée entre les représentants de la France et ceux de l'Espagne.

Elle contenait un article 5 qu'on peut analyser ainsi :

Il suppose que des Espagnols, nés en France, sont appelés au service militaire en France ; et réciproquement que des Français, nés en Espagne, sont appelés au service militaire en Espagne.

Il décide que le service militaire dans l'armée de leur pays natal sera évité aux Espagnols s'ils établissent devant les autorités françaises qu'ils ont tiré au sort en Espagne ; aux Français s'ils établissent devant les autorités espagnoles qu'ils sont d'origine française ; ou, si cette preuve ne paraît pas suffisamment évidente, s'ils prouvent avoir obéi à la loi du recrutement en France.

I. Le but de cette convention n'apparaît pas clairement du texte de l'article 5.

Il a été diversement apprécié en France et en Espagne.

L'Espagne considère qu'en vertu de notre convention, les nationaux espagnols nés et résidant en France ont le choix pour accomplir leur service militaire soit en France, leur pays natal, soit en Espagne, leur patrie d'origine. De même les Français nés et résidant en Espagne. Mais les uns et les autres en acceptant de servir l'un des deux pays deviennent les nationaux de ce pays (1).

En France, la jurisprudence (2) et la majorité des auteurs (3) lui attribuent une portée plus restreinte. Sans déroger en rien aux règles en vigueur dans les deux pays en matière de nationalité, la convention aurait eu pour but d'empêcher que les res-

---

(1) Cf. Geouffre de Lapradelle, p. 364, p. 365.

(2) Cf. Jugement du tribunal de la Seine du 19 juillet 1884, Clunet, 1885, p. 93. Adde tribunal civil d'Evreux, 17 avril 1881, Clunet, 1882, p. 196-7. Tribunal de Bayonne du 8 février 1887, Clunet 1887, p. 320. Alger, 22 février 1890. Clunet, 1890, p. 930, Arrêt du C. d'Etat du 8 juin 1877. Panhard, 1877, p. 540.

(3) Audinet. Article dans la *Revue algérienne*, 1889, 1. 149. Gadaud. Rapport sur le budget de l'Agérie à la chambre, 21 mars 1889. *J. Off.* annexe n° 131.

Cogordan. *La Nationalité*, p. 51 ets.

Le Sueur et Dreyfus. *La Nationalité*, p. 232 et la note.

Glard, *De l'acquisition et de la perte de la nat. fr.* p. 306, note 1.

Weiss, *Tr. théor. et pr. de dr. int. privé*, p. 135 et la note 2, p. 481.

Contra : Geouffre de Laprad. p. 367.

sortissants de l'une des H. P. C., à la faveur de leur naissance dans le pays de l'autre, pussent échapper au service militaire en France et en Espagne, en ne répondant pas à l'appel de leur pays d'origine et en prétextant leur extranéité pour ne pas servir leur pays natal.

Il faut, selon nous, prendre le point de départ suivant. En 1862, la situation de l'enfant né en France d'un étranger varie, en ce qui concerne sa nationalité, suivant que son père est lui-même né en France ou est né à l'étranger. Au premier cas, il est Français, sauf à devenir étranger dans l'année de sa majorité sur une simple réclamation. Au second cas, il est étranger, sauf à devenir Français dans l'année de sa majorité, suivant les prescriptions de l'article 9 ancien du Code civil.

En admettant, pour un instant, que la manière de voir du gouvernement espagnol soit juste, l'enfant né en France d'un père Espagnol né à l'étranger devient Français en tirant au sort en France. Cette solution, comme le faisait remarquer le tribunal de la Seine dans son jugement du 19 juillet 1884, est en contradiction avec la loi du 22 mars 1849 et l'article 9 du Code civil. Nous pensons que la convention se serait formellement expliqué si elle avait voulu déroger aux lois sur la nationalité admises soit en France soit en Europe (1).

(1) Cf. Tribunal de Bayonne, *ubi sup*.

Pour nous, la théorie admise en France est la seule vraie. Dans l'art. 4 de la convention, les parties contractantes stipulaient pour les nationaux de chaque pays l'exemption du service militaire dans l'autre pays s'ils y résidaient. A ce principe, une exception fut admise. Le gouvernement français fut autorisé à assujettir au service militaire en France l'Espagnol qui résiderait dans notre pays et y serait né, s'il ne prouvait pas avoir obéi à la loi militaire en Espagne.

La France n'a pas voulu que ces individus, qui alors étaient étrangers et pouvaient rester tels, pussent être exempts dans les deux pays du service militaire, donnant ainsi un exemple fâcheux aux populations françaises au sein desquelles ils s'étaient fixés et surtout leur nuisant beaucoup, à raison même de cette immunité de fait. Déjà en 1832 et en 1851, on avait, chez nous, affirmé qu'une situation pareille ne pouvait être tolérée. On devait même maintes fois encore protester contre elle (1).

Par réciprocité, la France consentit à reconnaître aux autorités espagnoles le droit d'inscrire sur les listes du contingent les Français nés et résidant en Espagne.

On ne s'explique pas bien cependant la diffé-

____

(1) V. *supra*, p. 17 et s.

rence de traitement tout en faveur de nos nationaux. En effet, les Français dont nous parlons sont
appelés en Espagne dans l'année où ils ont vingt
ans (1). Ils peuvent échapper à la conscription
s'ils réussissent à établir par documents suffisants
leur nationalité française.

Ce n'est qu'au cas où ils ne pourraient pas apporter des documents suffisamment probants qu'ils
sont forcés de prouver, dans un délai d'un an,
porté à deux ans par la déclaration de 1892, qu'ils
ont obéi au recrutement en France.

II. — Voyons quelle situation est faite par la
convention aux Espagnols nés en France. Ces individus peuvent être inscrits sur les listes de recensement en France dès l'âge de vingt ans. Ils
ne seront pas rayés sur la seule preuve de leur
extranéité, il est nécessaire mais suffisant qu'ils
prouvent avoir tiré au sort en Espagne.

Remarquons qu'il ne s'agit que des individus
restés Espagnols à vingt ans. Il n'est donc pas
question de soumettre au régime spécial de la
convention les individus nés en France d'un père
Espagnol qui lui-même y est né, ou plus généralement les individus visés par l'article 8, 3° Code
civil qui sont Français de naissance. Ceux-ci seront

____

(1) Lois du 10 janv. 1877 ; loi du 28 août 1878, art. 17 ; dans
l' *Ann. de législ. étrang.* années 1877 et 1878.

portés sur les listes de recensement à vingt ans
non pas en vertu de la convention, article 5, mais
en vertu de l'article 10 de la loi militaire. Quand
même ils auraient tiré au sort en Espagne, ils ne
devraient pas être rayés. En effet, la convention
du 7 janvier 1862 a posé en principe que les nationaux espagnols devraient être exempts de tout
service militaire en France (art. 4).

L'exception de l'art. 5 ne peut agir que dans le
champ d'application de la règle. L'art. 5 ne vise
donc parmi les individus nés en France d'un père
Espagnol, que ceux restés Espagnols à vingt ans,
et résidant en France.

Peu importe s'ils sont Français à vingt ans,
qu'ils le soient irrévocablement ou sauf option
dans l'année de la majorité ; les [motifs de décider portent avec la même force pour les deux
cas.

Ce texte a visé les fils nés en France d'un Espagnol qui n'y est pas né lui-même.

A vingt ans, ils sont encore Espagnols, d'après
l'ancien article 9 du Code civil en vigueur en
1862, et d'après l'article 8, 4° comb. avec l'article 9
nouveau. En tant que fils d'étranger, ils ne devraient être inscrits que dans l'année de leur majorité si l'art. 11 de la loi militaire leur était seul applicable. Ce ne serait qu'à ce moment que l'impossibilité de prouver qu'ils ont participé en Espagne

au tirage au sort, emporterait obligation de tirer au sort en France.

On voit que la convention, théoriquement du moins, empire leur situation, puisque, de par notre article 5, cette impossibilité emportera la même conséquence dans le cours de leur vingt-et-unième année.

Théoriquement donc, ce fils d'Espagnol devrait toujours tirer au sort en France avec sa classe d'âge. Si, à la suite de son incorporation dans l'armée française, notre individu avait son domicile en France à 21 ans, il deviendrait Français en vertu de l'article 8, 4° du Code civil, c'est-à-dire sauf répudiation. Rien ne l'empêcherait d'opter pour la nationalité espagnole.

Mais alors redevenu Espagnol dès son option, devrait-il immédiatement être renvoyé des drapeaux français, par argument de l'article 3 de la loi militaire? Cet argument tendrait à écarter brutalement notre convention tout entière, il ne faut pas y recourir. Il faut dire que, malgré la répudiation, l'individu resterait sous les drapeaux et ne serait congédié qu'à l'expiration du temps fixé par la loi.

La preuve qu'il a répondu dans son pays à la loi militaire, exigée pour que sa répudiation soit recevable (art. 8, 4° C. civ.), résultera du certificat à lui remis lors des opérations du conseil de révision, s'il a été exempté (art. 20, § 2, loi milit.), sinon de sa présence même sous les drapeaux français.

Il faut bien admettre que le fils d'Espagnol ayant obéi à la loi militaire française par application de notre article 5, al. 1, doit être considéré comme en règle avec la loi militaire de son pays, même s'il a été exempté, mis dans le service auxiliaire, dispensé de droit aux termes et dans les conditions de la loi du 15 juillet 1889, article 21, dispensé conditionnel aux termes de l'article 23.

S'il retourne en Espagne ayant du reste conservé la nationalité espagnole, quelle sera dans chacune de ces hypothèses la situation militaire qui lui sera faite dans sa patrie? d'autre part, peut-il être rappelé par les autorités françaises s'il n'est pas complètement libéré du service actif, v. g. si à 27 ans, il n'obtient pas les diplômes voulus? Il semble que oui.

Même à le supposer en règle avec la loi militaire quant aux obligations dans l'armée active, continue-t-il à figurer sur le registre matricule comme faisant partie de la réserve ou de l'armée territoriale? Peut-il être appelé à des périodes d'exercices? La convention ne dit rien. Cependant ces questions peuvent avoir un très grand intérêt. Il faut songer qu'elles se posent pour le Français qui a servi en Espagne aussi bien que pour l'Espagnol qui a servi en France.

Le Français continue-t-il après sa libération du service actif à faire partie de l'armée espagnole, peut-il être mobilisé en cas de guerre? peut-il être appelé à combattre sa patrie?

L'Espagnol ne peut être obligé à répondre à la mobilisation en France (art. 29 *in fine* de la convention). Réciproquement, il faut dire que le Français ne peut y être tenu en Espagne.

Aux autres questions il faut répondre en faisant le rapprochement que nous avons déjà fait et refait entre les articles 4 et 5 de la convention.

Il ressort de ce rapprochement que si l'intéressé doit obéir à la conscription dans son pays natal, il n'y peut être tenu qu'aux obligations dans l'armée active.

La possibilité de toutes ces difficultés montre la singularité même de la convention dont nous nous occupons. On aurait dû, ce semble, en 1892, être moins laconique et dissiper, pendant qu'on en avait l'occasion, les ténèbres épaisses qui empêchent les commentateurs de pénétrer ce texte.

Faut-il appliquer la convention non-seulement aux individus qui sont nés Français en Espagne, mais même aux individus devenus Français depuis leur naissance en Espagne?

Nous songeons aux enfants nés en Espagne d'un père qui s'est fait naturaliser Français. Bien qu'ils continuent à résider dans leur pays natal, ils deviennent Français dès le jour où leur père a été naturalisé (article 12, § 3, Code civil modifié par loi du 26 juin 1889).

La législation existant en France en 1862, considérait, il est vrai, ces jeunes gens comme étrangers malgré la naturalisation de leur père. Elle leur donnait seulement le moyen de devenir Français par l'article 9 du Code civil (loi de 1851, article 2).

Les négociateurs de l'article 5, al. 2, ne songeaient certes pas nommément à eux. Mais songeaient-ils à telles catégories de personnes plutôt qu'à telles autres ? Ce n'est pas probable. Le plus sage est d'admettre qu'ils ont entendu ne viser que les Français ou les Espagnols, en s'en rapportant aux lois qui étaient ou pourraient être en vigueur dans chaque pays. Les deux gouvernements, celui de l'Espagne en particulier, s'en sont tenus à cette interprétation, comme le prouvent les modifications qui furent apportées à notre texte. Un décret royal du 21 août 1891 (1), avait déjà accordé aux Français nés en Espagne, pour justifier qu'ils ont satisfait à la loi du recrutement en France, un délai de deux ans à compter du jour où ils sont appelés par l'autorité militaire espagnole. La déclaration

____

(1) Mentionné dans l'*Ann. de législation étrangère*, 1891, p. 405.

des H. P. C. du 2 mai 1892 modifiait en ce sens le texte primitif de l'article 5.

Le délai était donc augmenté d'un an. Pourquoi cette augmentation ? Ne suffisait-il pas d'une année à l'individu né Français, pour rapporter la preuve qu'on lui demandait ? Oui, car même dans l'hypothèse la plus défavorable, celle d'un individu né en Espagne le 31 décembre 1877, il sera appelé en Espagne en 1897. S'il est obligé, pour être rayé, de prouver qu'il a tiré au sort en France, il pourra faire cette preuve dès l'année suivante. En effet, il fait partie en France de la classe de 1897 et il pourra comme tel tirer au sort en janvier 1898.

Si une année n'est pas suffisante, ce ne peut être que pour ceux portés seulement sur nos listes après 21 ans. Or, parmi ceux-là, on compte les naturalisés en vertu d'une déclaration, et ceux naturalisés par le pur bienfait de la loi. Les premiers ne seront jamais dans notre hypothèse, car ils ne peuvent être nés en Espagne. Il faut réserver le cas de l'article 10. Le fils du ci-devant Français, bien que né en Espagne, peut devenir Français par déclaration. Mais de deux choses l'une : ou bien il sera en France, ou bien il ne sera pas encore Français. Il ne peut nous arrêter.

Parmi les naturalisés par le pur bienfait de la loi, nous éliminons ceux nés en France. Il reste les enfants mineurs nés en Espagne d'un père qui s'est ensuite fait naturaliser Français. Ceux-là sont Français dès leur minorité. Mais il ne pouvaient en 1862, et ne peuvent encore, sous la loi de 1889, apporter des documents qui établissent suffisamment leur origine, c'est-à-dire leur nationalité française. La loi française, en effet, leur réserve un droit d'option de 21 à 22 ans. La loi espagnole par ailleurs (Code civil de 1889, article 26) leur permet de redevenir Espagnols, de Français qu'ils étaient de par la naturalisation du père.

Leur nationalité n'est donc jamais certaine pour la loi espagnole au moment où ils sont appelés sous les drapeaux.

Leur donner un an pour prouver qu'ils ont tiré au sort en France, n'est pas toujours suffisant. En effet, l'intéressé né le 31 décembre 1877 et atteint en 1897 par la loi sur la milice espagnole pourra, d'autre part, ne tirer au sort en France qu'en janvier 1899 (1).

Le court préambule qui précède la déclaration de 1892 constatait que cette prolongation du délai primitif était indispensable. Puisqu'il ne peut être utile qu'aux fils nés en Espagne d'individus natu-

***

(1) Suivant la pratique de l'administration militaire. — D'après nous il ne peut être obligé à tirer au sort qu'en janvier 1900 s'il n'a pas répudié.

ralisés Français, c'est donc que les jeunes gens de cette catégorie sont visés par la convention.

Tel est le système que nous croyons devoir admettre. Nous l'avons déjà dit : il règne sur cette convention une obscurité compacte. Elle a déterminé, chez les commentateurs, une certaine variété d'opinions.

Le ministère de la guerre a recommandé, depuis 1876, de ne pas inscrire à 20 ans les Espagnols nés en France. Avant 1889, il estimait qu'il convenait d'attendre pour les inscrire qu'ils eussent atteint l'âge de 22 ans révolus. A cet âge, ils devaient être inscrits dans la commune de leur résidence, s'ils ne prouvaient pas avoir concouru au tirage au sort en Espagne (1).

Depuis la loi militaire du 15 juillet 1889, ces jeunes gens seront inscrits dans l'année de leur majorité. Ils ne seront maintenus sur les tableaux de recensement que s'ils n'ont pas répondu à l'appel sous les drapeaux espagnols. Ce sera en tant que Français et non plus par application de notre convention (2).

Cette façon de faire répond aux vœux de M. Cogordan, qui conseille de « ne suivre la convention

----

(1) Circulaire du préfet de la Gironde en date du 18 nov. 1876, n° 10.

(2) Rabany, *op. cit.* I, 213.

qu'en ce qu'elle contient relativement aux Français nés en Espagne (1) ».

Il y a certainement quelque chose de choquant à incorporer à 20 ans, dans l'armée française, des individus qui sont encore étrangers et qui pourraient, plus tard, s'autoriser de cette incorporation pour répudier la nationalité française si elle leur était attribuée à 21 ans.

On ne peut blâmer l'administration de ne pas se prêter à ces pratiques. En fait, l'usage qu'elle a adopté incitera le fils d'Espagnol à rester Français s'il l'est devenu en vertu de l'article 8, 4° C. civ., puisque, en conséquence de sa naturalisation, il ne sera exigé de lui dans l'armée active qu'un service restreint quant à sa durée. Ce n'est pas que, théoriquement, on ne conçoive, en France, l'application stricte des règles exceptionnelles de notre convention. M. Cogordan, en constatant que le fils, né en France d'un père étranger qui n'y est pas né, ne peut être inscrit en France que par erreur, malgré même notre convention, dénie à cette dernière une portée qui peut étonner mais qui est réelle. Il a peut-être fourni le point de départ d'une autre théorie que nous considérons comme erronée.

M. Geouffre de Lapradelle soutient que la con-

____

(1) *Loc. cit.*, p. 62.

vention a pour but et pour résultat uniques de reconnaître effet au *jus soli,* à la deuxième généra-
tion qui naît en France, toutes les fois que
l'intéressé ne joint pas à sa déclaration d'extranéité, un certificat attestant qu'il a satisfait à la
loi du recrutement dans son pays d'origine.

Ainsi comprise, la convention, au moment de
sa première rédaction, aurait été en avance sur la
législation française d'alors. Elle serait, par
contre, une œuvre de singulière réaction dans sa
rédaction de 1892. Si elle avait cette portée, il
n'est pas croyable que le gouvernement, loin de
songer à dénoncer une convention si directement
contraire aux vues du législateur de 1889, l'ait, au
contraire, en quelque sorte sanctionnée par une
adhésion nouvelle. Aussi bien, nous l'avons déjà
fait remarquer, les termes mêmes de l'article 5
désignent les individus restés Espagnols à 20 ans,
ils excluent les individus qui, à cet âge, sont Français, ce qui est le cas pour les fils d'étrangers nés
en France comme leurs auteurs.

Le Ministre de la guerre n'a pas adopté cette
théorie et il inscrit comme Français, à 20 ans ou
dans l'année de sa majorité suivant les distinc-
tions faites par la loi du 22 juillet 1893, les individus visés par l'article 8, 3° du Code civil, fussent-
ils nés de parents Espagnols.

Il résulte de ce que nous avons déjà dit, que le

but immédiat poursuivi par les négociateurs de
notre convention ne fut pas de donner une solution aux conflits de nationalité qui pouvaient
naître des législations française et espagnole mises
en présence.

Pour apprécier cette convention, il faut cependant remarquer qu'elle aboutit à écarter les conséquences désolantes que ces conflits entraînent
au point de vue du service militaire.

En effet, le fils né en Espagne d'un Français,
peut devenir Espagnol s'il opte pour l'Espagne
dans l'année de sa majorité (1), ou si l'option est
faite par son père pendant sa minorité (2) (art. 17,
1°, 18, al. 2 et art. 19 comb. C. civ. espagnol).

Cette option, nous le savons, n'est pas valable
aux yeux de la loi française, si elle n'a pas été autorisée par le gouvernement français (article 17,
1° C. civ.). De même, à supposer que leur père
après leur naissance en Espagne se fasse naturaliser Espagnol, ils deviennent Espagnols comme
lui (art. 18, § 1, arg. de l'al. 24, C. civ. esp.), mais
ils ne cessent pas d'être Français.

Dans ces deux cas, grâce à la convention, cet
état de choses importera peu. Notre individu qui
aurait définitivement rompu avec la France et ré-

(1) Fixée à 25 ans (art. 32 et 18 al. 1 comb. C. civ. esp).
(2) Woiss, loc. cit p 233

sidérait en Espagne, ne devrait pas le service actif en France, s'il tirait au sort en Espagne. Quant au service dans les réserves, l'autorité militaire, entrant dans la voie des sages ménagements, pourrait le considérer comme étant en sursis permanent (1).

Pour la situation inverse de l'enfant né en France d'un Espagnol, la convention est moins utile.

La loi française, en reconnaissant à cet enfant le droit de rester Espagnol, concorde avec l'art. 17, 2°, C. civ. esp. (2). On peut en dire autant de la situation des fils mineurs de l'Espagnol naturalisé Français, telle qu'elle résulte de l'article 12, alinéa 3 du Code civil français et de l'article 24 du Code civil espagnol. Ces enfants acquièrent la nationalité française et perdent la nationalité espagnole. La loi française leur donne le droit de redevenir Espagnols et la loi espagnole le leur permet également.

L'utilité de la convention est donc bien restreinte. Elle n'est plus nécessaire au but que les négociateurs français pouvaient viser en 1862 : l'article 11 de la loi militaire y pourvoit.

____

(1) Inst. du 28 décembre 1895, art. 217 ; dans Saumur, p. 54.
(2) Cf. Audinet dans Clunet 1891, p. 1109 pour le cas où cet enfant resterait Français. La loi espagnole est muette.

Les singularités qu'elle apporte dans notre droit ne sont pas suffisamment autorisées par les services qu'elle rend au point de vue des difficultés internationales.

Cette convention ne doit pas être maintenue.

II. — Convention franco-suisse du 23 juillet 1879 (1).

Avant 1876, les lois suisses accordaient, en général, à la naturalisation un effet collectif. A Genève particulièrement, le fils du Français qui se faisait naturaliser Suisse devenait Suisse, s'il était mineur lors de la naturalisation de son père. Cependant pour la loi française, à cette époque comme maintenant encore, cet enfant était resté Français, et elle l'appelait à 20 ans à tirer au sort. Le conflit avait déterminé de bonne heure le gouvernement fédéral à s'entendre avec le gouvernement français en vue d'un accord. Un moment abandonnées, les négociations furent reprises en 1874 à la suite des décisions rendues coup sur coup par nos tribunaux, en 1868, 1871 et 1874 (2).

(1) Consulter Roguin. *Conflits des lois suisses*, n°s 26 et s.

(2) V. les affaires citées par M. Lainé dans son « *Etude sur la convention franco-belge du 30 juillet 1891* », p. 7 et 8 Cf. Estoppey dans Clunet, 1889, p. 565.

Depuis le vote de la loi suisse du 3 juillet 1876, les complications, à la vérité, purent être radicalement écartées.

L'article 3, en effet, tout en adoptant le principe de la naturalisation collective, permettait au gouvernement fédéral, de qui dépendrait dorénavant la naturalisation en Suisse (art. 1), de ne pas l'appliquer aux enfants mineurs chaque fois qu'il pourrait amener « préjudice » à la confédération.

Les deux gouvernements tinrent pourtant à signer la convention. Il y avait intérêt à régler la situation de ceux qui se trouvaient déjà retenus dans les liens d'une double nationalité. De plus, il convenait de laisser aux individus dont le père était devenu Suisse des facilités pour acquérir cette nationalité. La France devait bien un peu se départir de sa rigueur.

N'est-il pas excessif d'exiger le service militaire d'un individu qui n'a jamais connu peut-être le pays qui le réclame ? Un Français vient s'installer en Suisse. Il s'y marie, a des enfants. Désirant s'assurer la qualité de national du pays où il a fixé tous ses intérêts, il se fait naturaliser Suisse. Ses enfants, arrivés à l'âge de 20 ans, se voient appelés à servir la France qu'ils ne connaissent pas. Ils sont obligés de se séparer d'un pays dans lequel ils ont été élevés, auquel vont toutes leurs affections !

La convention du 29 juillet 1879 est faite des

concessions réciproques de la loi française et de la loi suisse. Les enfants mineurs lors de la naturalisation obtenue en Suisse par leur père né Français, restent Français, pendant leur minorité ; la loi suisse s'efface devant la loi française. Toutefois, devenus majeurs, ces enfants peuvent, de 21 à 22 ans, opter pour la nationalité suisse. Cette option se fera par une déclaration faite conformément à l'article 2 de la convention et elle aura pour résultat de délier l'intéressé de l'allégeance française. A défaut d'option à 22 ans, la nationalité française lui est définitivement maintenue (1).

Par le fait même que nos individus sont restés Français jusqu'à l'option, la loi militaire française les eût atteint à 20 ans. Il y aurait eu des inconvénients pourtant à les incorporer dès cet âge. Il eût fallu, en effet, les renvoyer de l'armée dès leur option pour la nationalité suisse.

On a prévu cet inconvénient et on a retardé pour eux l'époque où on les appellerait d'office à tirer au sort. Ils ne seront pas inquiétés pour le service militaire en France, avant 22 ans accomplis. A ce moment, s'ils ont opté pour la nationa-

(1) D'après M. Roguin, *loc. cit.* p. 31, la convention s'appliquerait non seulement au cas de naturalisation du père, mais aussi au cas de naturalisation du grand-père. Le mot *parents* de l'article 1 désignerait les grands-parents aussi bien que les auteurs au 1ᵉʳ degré. Cette opinion sera difficilement partagée en France.

lité suisse, ils seront rayés des tableaux de recensement (1).

Quant à la Suisse, elle ne les appellera dans sa milice que s'ils ont opté pour la nationalité suisse. Les difficultés internationales disparaissent donc.

La circulaire du ministre de la guerre du 18 novembre 1882, exige de l'intéressé qu'il avertisse le préfet de son département de sa position spéciale quant au recrutement. Cette mesure évitera que l'inscription ne se fasse quand même en France à 20 ans et par erreur. La Suisse se rangea à cette pratique en 1882; elle mit à la disposition des intéressés des formules pour ce qu'elle appela des « avis d'intention d'option ».

La circulaire du 18 novembre 1881 prescrit encore aux individus ayant opté pour la Suisse d'aviser le préfet de leur département d'origine, dès qu'ils ont signé cette option.

L'une et l'autre de ces exigences n'ont que la valeur d'une recommandation d'ordre dont l'inobservation ne peut entraîner aucune déchéance (2). La notification de l'option se fera de gouvernement à gouvernement, d'après l'article 4. L'administration française, mise au courant, avertira

(1) V. les circulaires du ministre des affaires étrangères, dans De Clercq et Vallat. *Formulaire des chancelleries*, 2ᵉ édition, t. II, p. 557; Cf. *ibid.* t. I, p. 573.

(2) Dans ce sens Roguin, p. 34, *in fine* et note.

elle-même le préfet, qui s'empressera de rayer l'inscription si elle avait été faite. La notification qu'on réclame des intéressés n'est qu'un supplément de précaution.

Si à 22 ans, ils n'ont pas opté, ils doivent tirer au sort en France. Quelles seront au juste les obligations qui leur incomberont? Bénéficieront-ils, en fait, d'une dispense de deux années et ne seront-ils assujettis qu'aux obligations de leur classe d'âge? On peut répondre par l'affirmative. La convention cependant est muette; mais il est dans l'esprit de notre législation militaire, de ne pas exiger de ceux qui ont eu un droit d'option, d'autres obligations que celles restant à la charge des hommes de leur âge. A vrai dire, la solution contraire ferait que les individus visés par la convention, au lieu de jouir d'un régime de faveur, verraient leur situation aggravée par l'usage du délai d'option mis à leur disposition.

Pour ceux qui sont bien décidés à rester Français il peut être utile de pouvoir entrer dans l'armée sans attendre leur 22e année accomplie.

L'article 3 le leur permet. Ils devront, à cet effet, renoncer à leur droit d'option. Cette renonciation se fera devant les mêmes autorités et par voie de déclaration comme l'option elle-même. Comme cette dernière, elle sera officiellement communiquée par le gouvernement qui l'aura reçue à l'autre.

L'art. 3 exige le consentement des père, mère ou tuteur, si l'intéressé est encore mineur.

A ce point de vue, remarquons en passant, que la théorie de notre article 3 est plus rationnelle que celle de l'article 9 du Code civil modifié par la loi du 26 juin 1889. Comme devait le faire plus tard la loi du 14 février 1882, comme l'avait déjà fait celle du 16 décembre 1874, la convention respecte davantage le caractère personnel du lien d'allégeance.

L'article 5 vise les individus dont le père s'est fait naturaliser Suisse avant la mise en vigueur de la convention, alors aussi qu'ils étaient encore mineurs. Dans la plupart des cas, antérieurement surtout à la loi suisse de 1876, ces enfants, nous le savons, ont immédiatement été revêtus d'une double nationalité.

Quelle serait dorénavant leur situation ? La convention a cru devoir s'en expliquer formellement. L'article 5 distingue entre les individus encore mineurs au moment où elle entrera en vigueur (alinéa 1) et ceux qui déjà auront atteint leur 21e année (alinéa 3) (1).

La situation des premiers fut celle que nous ve-

---

(1) Le moment où la convention a été mise en vigueur a été fixé d'un commun accord entre la France et la Suisse au 11 juillet 1880, date de la publication en France de la convention.

Voyez les circulaires précitées du ministre des aff. étrangères.

nons d'expliquer : celle des enfants dont le père se fera dorénavant naturaliser Suisse pendant leur minorité.

Quant aux seconds, ils ont eu, à partir de l'entrée en vigueur de la convention, une année ou deux années, suivant qu'ils résidaient ou non sur le territoire de l'un des pays contractants, pour faire la déclaration d'option dont s'agit. Leur déclaration a emporté comme conséquence la reconnaissance par la France de leur nationalité suisse. L'administration de la guerre, interprétant largement la pensée de la convention, a même reconnu à cette nationalité nouvellement acquise le pouvoir d'effacer toute insoumission, non-seulement dans l'avenir, mais même dans le passé. Elle consentit à rayer *immédiatement* l'optant des contrôles de l'insoumission, sans exiger la prescription de trois ans pour couvrir un délit qui, dans le passé et *jusqu'à la déclaration faite*, avait cependant existé. On n'eût pas compris une rigueur pareille, il est vrai, et la pratique administrative ne fit que se conformer aux vues des gouvernements signataires de la convention.

Depuis cette convention de 1879, la loi militaire française ne sera plus guère tenue en échec par les prétentions de la loi suisse. Celle-ci n'admet à la naturalisation que l'individu dont la situation vis-à-vis de sa loi d'origine donne à penser que, plus tard, en demandant la protection de sa nouvelle patrie contre l'ancienne, il ne mettra pas la confédération helvétique dans une situation embarrassée (loi du 3 juillet 1876, art. 2). On redoute, en Suisse, ces démêlés diplomatiques dans lesquels le gouvernement qui proteste, ne peut guère que jouer un rôle sans prestige puisqu'il se heurte, la plupart du temps, à une décision arrêtée chez le gouvernement auprès duquel il réclame.

La loi a donc pris des mesures en conséquence.

La situation du Français encore soumis aux obligations militaires dans l'armée active, restant Français malgré une naturalisation obtenue à l'étranger, obligé comme tel au service militaire dans deux patries à la fois, ne se présentera pas dans les relations avec la Suisse. Celle-ci, avant 1889, eût exigé du Français qui postulait la nationalité suisse, qu'il rapportât l'autorisation du gouvernement français prévue par le décret de 1811. Ce décret est aboli (art. 5 de la loi du 26 juin 1889. Nul doute qu'elle ne réclame aujourd'hui l'autorisation dont parle l'article 17, 1° C. civ., modifié par la loi du 26 juin 1889. Le conflit ne se présentera donc pas normalement. Il peut se poser par suite d'erreur. L'article 5 refuse, par avance, l'intervention de la Suisse en faveur de l'intéressé, s'il réside en France.

On peut en dire autant de l'hypothèse inverse, d'un Suisse d'origine, acquérant la nationalité française.

Moyennant certaines conditions, et notamment la preuve de cette acquisition déjà faite ou imminente, la loi féd. du 3 juillet 1876 lui permet de renoncer à la nationalité suisse. Cette renonciation doit être faite par écrit et adressée au gouvernement cantonal. Seule cette renonciation le déliera de toute allégeance en Suisse, la preuve de sa naturalisation obtenue en France ne suffirait pas.

A vrai dire, la plupart du temps, il n'y aura là qu'une simple formalité que l'intéressé s'empressera d'accomplir. Il sera aussitôt en règle avec la loi suisse, qui, dès lors, ne le réclamera plus pour le service dans sa milice.

Toutefois, il convient de rappeler qu'aux termes de l'article 7, la commune dont ressortit l'intéressé a le droit de s'opposer à la dénationalisation. Mais elle ne peut baser cette opposition que sur l'absence de l'une des trois conditions spécifiées à l'article 6 de la loi de 1876. Spécialement, l'inaccomplissement des obligations militaires n'est pas une cause d'opposition. Le Suisse peut donc échapper au service militaire, ne pas être soldat en Suisse, en se faisant naturaliser à l'étranger (1).

(1) Cf. au surplus Roguin, n° 8, page 12 et l'arrêt de la Cour fédérale du 4 juillet 1890 auquel il renvoie.

La contestation qui pourra naître par là est portée devant le tribunal fédéral qui statue et déclare que l'intéressé est resté ou non Suisse.

Au cas où il est resté Suisse, il est clair que sa situation militaire pourra être difficile. C'est ici le lieu de nous souvenir des paroles de M. Sarrien romettant au Sénat, de n'accorder le décret de naturalisation qu'avec circonspection et, autant que possible, en exigeant du postulant la production d'un *exeat* délivré par son pays d'origine (1).

La difficulté reste entière cependant pour le Suisse d'origine devenu Français par déclaration (articles 9, 10, 12, § 2 C. civ.) ou par le bienfait de la loi (art. 8-4° 12 § 3 et 18, C. civ.) et astreint au service militaire en France par application des articles 11 et 12 de la loi du 15 juillet 1889 (2).

L'article 8, alinéa 3, de la loi de 1876 règle l'effet, quant à la famille, de la libération obtenue en Suisse par l'individu devenu Français. Cette libération s'étend aux enfants mineurs et à la femme lorsqu'ils vivent en ménage. Comme il en sera ordinairement ainsi, cette disposition cadrera parfaitement dans la grande majorité des cas avec

---

(1) *Ann. du Sénat. Débats sess. ord.* de 1887 tome I p. 98.

(2) Remarquons cependant que le conflit n'est guère possible au point de vue du service militaire. Tout au moins, il n'est pas sans issue, puisque la loi suisse n'assujettit pas au service militaire les Suisses en résidence à l'étranger.

notre article 12, alinéa 3, C. civ. ; et l'article 11 de la loi militaire s'appliquera sans mettre l'intéressé dans une situation embarrassée vis-à-vis de son pays d'origine.

L'article 8, alinéa 3, de la loi suisse contient, il est vrai, une réserve expresse. « S'il n'est pas fait d'exception formelle à leur égard », dit-il en parlant des enfants mineurs. On saisit sans peine la portée de cette finale, après ce que nous venons de dire de la déclaration de renonciation exigée du père par l'article 6. La loi fait allusion au droit des autorités qui peuvent retenir les enfants mineurs dans l'allégeance suisse, si dans la nouvelle patrie du père ils ne suivaient pas sa nationalité.

C'est ainsi que l'a pensé la Cour fédérale au témoignage de M. Roguin qui partage cette manière de voir (1).

Mais cette finale, selon nous, ne donne pas aux autorités compétentes le droit de restreindre, à leur guise, les effets de la dénationalisation, que la loi suisse fait en principe collective.

En ce qui touche l'application du *jus soli* à l'égard des enfants nés en France d'un sujet suisse, nous devons éliminer l'article 8, 4° et l'article 9 du Code civil. En effet, les intéressés ne deviennent pas Français malgré eux. Ils peuvent res-

____

(1) Roguin, *op. cit.*, p. 13-14.

ter Suisses, soit en répudiant, soit en se gardant de toute déclaration. D'autre part, s'ils acceptent de devenir Français, ils peuvent demander leur libération en Suisse, dès qu'ils sont Français et quoique mineurs. Nous savons que la justification, par les intéressés, de leur capacité suivant la loi française, peut suffire à les délier de l'allégeance suisse en principe (article 6, lettre b. loi du 3 juillet 1876. Quant à l'article 8, 3°, de notre Code civil, il sera de nature à attribuer à l'intéressé une double nationalité, par conséquent, d'assujettir au service militaire dans les deux pays. En effet, les législations des divers cantons admettent tous le *jus sanguinis* et considèrent comme citoyen, l'enfant né d'un citoyen en Suisse ou à l'étranger. Le conflit ne cessera que par la libération demandée et obtenue en Suisse par l'intéressé (1).

Le conflit inverse ne se présentera pas, il est vrai, à raison même du principe dont s'inspirent les législations suisses. L'enfant né en Suisse d'un Français n'est jamais Suisse (2) par le fait de cette naissance. Elle ne lui constitue même pas un titre à une situation de faveur pour obtenir la na-

---

(1) La Suisse fut une des premières qui protesta contre l'article 8, 3°, tel qu'il résultait de la loi du 26 juin 1889. Cf. Clunet, 1893, p. 1006 et suiv. Les réclamations ont abouti à la réforme partielle apportée par la loi du 22 juillet 1893.

(2) Cogordan, p. 38.

turalisation (1). Tout au plus, dans le canton de Genève et de Bâle, cet individu peut-il devenir Génevois ou Bâlois, s'il est né dans le canton d'un père qui y est né lui-même. Mais, dit M. Geouffre de Lapradelle, c'est plutôt là une naturalisation abrégée. Nous ajouterons qu'il faudra l'autorisation préalable du gouvernement fédéral, conformément à l'article 2, 2°, de la loi du 3 juillet 1876.

L'enfant naturel pourra quelquefois être réclamé par les deux patries. La Suisse, en effet, donne à cet enfant la nationalité de celui des auteurs qui exerce sur lui aux yeux de la loi suisse la puissance paternelle (2). Dans les cantons de Neufchâtel, Lucerne, Argovie, Thurgovie, Unterwalden, Valais et Tessin, cette puissance paternelle va de préférence au père dès qu'il a reconnu l'enfant. En même temps, l'enfant lui prend sa nationalité.

A ce point de vue, il semblerait que le conflit doive s'élever avec la loi française si, d'après l'article 8-1° (deuxième partie) Code civil, c'est la mère qui, ayant la première reconnu l'enfant, lui donne sa nationalité. Il existera, en effet, mais seulement si le père est Suisse et la mère Française. Il n'existerait pas si la mère était Suisse et le père Français,

(1) Geouffre de Lapradelle, p. 117 et s.
(2) V. cependant Clunet, 1890, p. 778.

car, en général, la règle que nous avons donnée
ne s'applique pas, si, d'après la loi du père étranger,
celui-ci ne donne pas à l'enfant sa nationalité (1).

D'autres cantons, réservant toujours la puissance paternelle à la mère de l'enfant naturel,
admettent la règle *partus ventrem sequitur*, et
donnent toujours la nationalité de la mère, v.g.
Bâle, Genève, Zurich, Soleure. Ici encore la dua-
lité de nationalité va se produire si l'enfant suit
en France la nationalité du père qui est Français
(art. 8-1° deuxième partie C. civ.). Il sera Suisse,
si sa mère est Suisse, pour la Confédération.

La convention de 1879 n'a donc pas supprimé
toutes les causes de conflits de nationalité. Elle
n'avait pas cette ambition.

Le Conseil fédéral suisse avait bien espéré en
1864 arriver à conclure avec la France une convention rappelant celle que la France avait con-
clue avec l'Espagne. Il avait proposé de régler tous
les cas de conflit, du moins en ce qui concerne le
service militaire, en n'y assujettissant le ressortissant des deux Etats que dans l'Etat où il résidait,
quelle que fût sa nationalité. Le gouvernement
français, mieux inspiré qu'en 1862, repoussa ces
avances. Il aurait pu ne pas s'en tenir là, et chercher une autre base d'entente. Il ne l'a pas fait.
C'est regrettable.

(1) V. Geouffre de Lapradelle, p. 118.

III. — Convention franco-belge du 30 juillet 1891.

La Belgique a adopté notre Code civil. Sont Belges les enfants nés de parents Belges, soit en Belgique, soit à l'étranger (art. 10, § 1 du Code civil belge) (1).

Les enfants nés d'un étranger en Belgique sont étrangers, mais peuvent réclamer la qualité de Belge dans l'année de leur majorité (art. 9, C. civ., belge) (2).

Une loi du 16 juillet 1889 (art. 1) a ajouté à l'art. 9 un paragraphe permettant cette option dès l'âge de 18 ans, avec l'agrément de ceux qui doivent consentir au mariage de l'enfant (3).

L'enfant né d'un ex-Belge peut également, par une déclaration faite conformément à l'art. 9, devenir Belge.

En troisième lieu, la qualité de Belge s'acquiert par une naturalisation proprement dite accordée

____

(1) Cf. Cass. belge du 13 avril 1891. Pasicrisie belge, 1891, 1, 117.

(2) D'après la Cour de cassation, cette majorité est celle de la loi belge, c'est-à-dire 21 ans. Cf Geouffre de Lapradelle, p. 78.

(3) Cf. *Ann. leg. étr.* 1889, p. 515 note, et Beltjens. *Encyclopédie du droit civil belge,* sous l'art. 9 C. civ. n° 9.

sur demande et résultant d'une loi (article 5, loi du 6 août 1881).

Les enfants mineurs peuvent devenir Belges à raison de la naturalisation de leur père en déclarant leur intention dans l'année de leur majorité, devant l'autorité communale du lieu de leur résidence ou domicile (art. 4).

Les enfants déjà majeurs peuvent également devenir Belges, mais en vertu d'une loi. Ils ne sont dispensés que des autres conditions exigées de leur père (art. 4) (1).

La nationalité belge peut se perdre notamment par ces deux modes :

1° Par la naturalisation acquise en pays étranger, art. 17, 1° C. civ. belge (2).

2° Par tout établissement non commercial fait à l'étranger sans esprit de retour (art. 17, 3°).

Depuis la loi du 21 juin 1865, la prise du service militaire à l'étranger n'est pas une cause de perte de la nationalité.

Par cet exposé, on aperçoit tout de suite que, suivant l'expression de M. Lainé (3), des « points

---

(1) *Ann. de leg. étrang.* 1882, p. 446, note de M. Renault.

(2) M. Laurent, *Droit civil intern.*, tome 3, n° 219, p. 368-9 et n° 212, p. 376, décide que la liberté d'émigration du Belge n'est pas restreinte par les lois militaires. Elle ne disparaît pour le milicien qu'en cas de service ordonné.

(3) *Op. cit.* p. 15.

de contact douloureux » doivent exister avec la loi française.

Celle-ci, notamment, appellera au service militaire :

A) A 20 ans, 1° l'individu né en Belgique d'un Français ; 2° le fils, né en France, d'un Belge qui lui-même y est né.

B) Dans l'année qui suivra la majorité :

1° l'enfant né en France d'un Belge qui n'y est pas né lui-même, si cet enfant est devenu Français par application de l'article 8, 4°, C. civ.

2° Le fils d'un Belge naturalisé ou réintégré Français, si cet enfant est devenu Français par application des articles 12, § 3, et 18 du Code civil français.

C) Elle appellera enfin le fils de Belge s'il est devenu Français par déclaration (article 9, 10, 12, C. civ.).

Or, tous à 19 ans ont été appelés en Belgique à figurer sur les listes de la milice. Ils sont, en effet, restés Belges aux yeux de la loi belge. C'est en vain que ceux de la première catégorie prétendraient n'avoir jamais été que Français. La Cour de cassation belge a décidé, précisément à propos du service militaire, que la nationalité étrangère d'origine, à eux conférée par la loi d'un pays étranger, ne pouvait faire échec à l'application de l'art. 10 du Code civil belge (1).

(1) Cassation belge du 12 juin 1876, Pas. 1876, 1, p. 349. — La

Quant aux individus appartenant aux deux autres catégories, ils sont encore Belges à cet âge même aux yeux de la loi française.

Il peut arriver le contraire, il est vrai, si l'on suppose une déclaration (art. 9, § 10 C. civ. français) ou une renonciation faite en minorité (art. 11, décret du 13 août 1889) dans les cas où elle est possible. Reste à savoir s'il y aurait là pour les tribunaux belges une naturalisation faisant perdre la qualité de Belge aux termes de l'art. 17 du Code civil belge.

D'une manière générale, et pour les trois catégories, l'idée de naturalisation ne peut guère intervenir utilement pour établir la perte de la nationalité belge.

En effet, cette acquisition de la nationalité française contemporaine de la naissance de l'intéressé ne constitue pas, à proprement parler, une naturalisation même *lato sensu*.

L'acquisition postérieure, d'autre part, pourrait bien ne pas être prise en considération par la jurisprudence belge si elle admettait, comme le font nos tribunaux français, que la naturalisation — encore qu'il y en ait une, au sens strict du mot — ne peut faire perdre la nationalité d'origine chez un mineur.

loi étrangère était, dans l'espèce, la loi française du 16 décembre 1874. — 21 juillet 1879. *ibid*, 1879, 1, 365.

De toute façon donc, les jeunes gens qui nous occupent, ont dû répondre à l'appel de la loi en Belgique et courir les chances du tirage au sort.

Ils ont pu, à la suite de ce tirage, recevoir un ordre de route ; s'ils n'y ont pas obéi, ils ont été déclarés insoumis. Premier inconvénient, dont les conséquences regrettables sont surtout ressenties par les particuliers intéressés.

On est immédiatement en présence d'un inconvénient d'un autre genre, touchant plus directement l'intérêt général belge, si l'on songe qu'à raison des obligations militaires auxquelles ils sont tenus en France, les individus qui peuvent par déclaration acquérir la nationalité belge, n'agréeront guère les offres que leur font nos voisins. Nous voulons parler des enfants nés en Belgique d'un Français (art. 9, C. civ. belge), des enfants dont le père était Belge et est devenu Français avant leur naissance (art. 10, § 2, C. civ. belge), des enfants dont le père Français est devenu belge depuis leur naissance (loi du 6 août 1881, art. 4).

On tient beaucoup en Belgique à voir ces individus devenir Belges. La jurisprudence a, pour leur faciliter cette déclaration, des trésors d'indulgence. Elle admet que si la force majeure, — et la présence sous les drapeaux français serait un cas de force majeure, — les a empêchés de fixer leur domicile en Belgique de 21 à 22 ans, ils peuvent, en l'y fixant plus tard, bénéficier encore de l'art. 9, C. civ. (1).

N'est-il pas à craindre que nos jeunes compatriotes dédaignent toutes ces facilités s'ils n'obtiennent pas l'autorisation préalable du gouvernement français? (art. 17, 1°, C. civ.) (2).

Quid si ces Français de nos trois catégories n'obéissent pas à la loi française? Ils sont insoumis. Peu importe qu'ils soient Belges même par naturalisation comme, par exemple, les fils d'un père français qui deviennent Belges par l'art. 9, C. civ. belge (3); ils ne perdent pas la qualité de Français aussi longtemps qu'ils sont dans l'armée active française. Cette naturalisation en Belgique, pas plus que la nationalité belge d'origine que les lois belges confèrent à l'individu visé par notre art. 8, 3°, C. civ., n'est un titre à leur dénationalisation en France.

Ils resteront encore Français même s'ils entrent dans l'armée belge. Nous avons vu que l'incorporation, conséquence forcée d'une double nationalité, n'entraîne pas, en principe, application de

(1) V. Beltjens, *op. cit.* sous l'art. 9 C. civ. n° 7.

(2) Ces individus n'ont d'ailleurs aucun service à faire en Belgique, s'il restent Français (Art. 6 et 7 de la loi du 2 juin 1870, sur la milice).

(3) Ils sont considérés en Belgique comme devenant Belges sans effet rétroactif. Cf. Beltjens, sous l'art. 9, n° 1.

l'art. 17, 4°, C. civ. La perte de la nationalité française serait, en tous cas, nous le savons, trop chèrement achetée par ce moyen. Il faut trouver une autre issue pour cette situation. La situation est critique, surtout pour les enfants nés en France d'un Belge qui y est né lui-même, lorsqu'ils n'ont pas le droit de répudier la nationalité française. Dans tout autre cas, elle l'est moins puisque les intéresssés peuvent se dispenser de passer la déclaration ou, au contraire, s'empresser de faire la répudiation que permet la loi française. Il faut convenir, cependant, que cette abstention ou même cette répudiation n'ont guère été souhaitées par le législateur français, pas plus que l'abstention n'a été souhaitée par le législateur belge dans les hypothèses que nous avons déjà rencontrées.

Ils devaient donc se préoccuper tous deux d'arriver à une entente.

La France en avait pris l'initiative dès 1876. Les pourparlers avaient abouti à une convention signée le 5 juillet 1879 qui réglait toutes les difficultés alors possibles.

Mais en Belgique, le Parlement refusa son approbation sous prétexte, paraît-il, que la convention apportait aux règles du Code civil une dérogation que, par principe, il ne pouvait admettre. On en resta là.

Deux ans plus tard éclatait l'affaire Carlier dont le retentissement fut si grand en France et en Belgique (1).

Des débats intéressants furent soulevés devant les Chambres belges en 1883, en 1886 et en 1887. Elles se décidèrent à sanctionner enfin en 1888 la convention qu'elles avaient repoussée jadis.

La Belgique cédait à la pression de l'opinion. Des plaintes nombreuses étaient parvenues aux pouvoirs publics. On se rend compte de ce qu'elles devaient être, quand on songe au chiffre de plus en plus élevé de l'émigration belge en France, de l'émigration française en Belgique. Depuis 1879, par ailleurs, des lois nouvelles avaient, de part et d'autre, élargi le conflit.

En France, l'effet des lois de 1851 et 1874 avait été rendu plus intense dans la région du Nord après l'arrêt Gillebert (7 décembre 1883). D'autre part, le principe de la loi de 1874, art. 2, qui permettait de devenir irrévocablement Français dès la minorité avait été étendu à de nouvelles hypothèses (L. L. du 14 février 1882 et du 2 juin 1883).

En Belgique, deux étapes importantes étaient ou allaient être franchies, qui, tout en envenimant le conflit, forçaient cependant le législateur à se dé-

____

(1) **Cf.** Clunet 1882, p. 416 et dans la *Rev. prat.* 1882, p. 155, les observations de **M. Herbaux.**

tacher de ses anciennes préférences, à les aban-
donner même tout à fait.

La loi du 6 mai 1888 admettait, pour le cas où
le mineur voulait entrer à l'école militaire, qu'il
prît l'engagement dans sa dix-neuvième année
d'opter à 21 ans pour la Belgique son pays natal,
ou tout au moins nouvelle patrie de son père.
Celle du 16 juillet 1889, à l'exemple de la loi française du 26 juin 1889, devait admettre la possibilité d'acquérir la nationalité belge par une déclaration faite en minorité.

Le texte adopté par la convention de 1879 dut
subir quelques remaniements. Ce ne fut que le
30 juillet 1891 qu'une convention nouvelle était signée. Elle fut ratifiée par le Parlement et promulguée en France par décret du 31 décembre 1891,
insérée au *Journal Officiel* du lendemain.

Trois points principaux se dégagent de cette convention.

a) Les articles 1 et 2 retardent jusqu'à 22 ans accomplis l'inscription d'office sur les listes de recensement militaire, soit en France, soit en Belgique.

Dès les premiers pourparlers, cette mesure apparut la seule qu'il convînt de prendre (1). Elle
n'était pas nouvelle en France. La loi militaire du

____

(1) En 1877, M. Visart la signalait au Sénat belge. V. son discours dans Cogordan, *op. cit.* p. 54.

27 juillet 1872 admettait ce retard pour les individus à qui la loi de 1851 laissait un droit d'option.
C'est aussi le procédé qui fut suivi en 1879 dans
la convention franco-suisse.

Ses avantages sont évidents, que l'on se place au
point de vue élevé d'une bonne administration
dans chacun des deux pays ou au point de vue
plus restreint du particulier intéressé. En retar-
dant son inscription jusqu'à 22 ans accomplis, on
lui laisse la pleine liberté du choix entre les
deux patries. On permet ainsi le fonctionnement
dans chaque pays des dispositions légales ou-
vrant la nationalité aux fils d'étrangers.

On donne enfin satisfaction à l'équité, puisque
l'intéressé n'est pas attiré comme dans un piège,
la patrie de son choix ayant par avance assuré sa
protection contre le ressentiment du pays qu'il
abandonne ou dédaigne.

b) Il ne suffisait pas, pour faciliter l'option,
d'ajourner dans les deux pays l'appel sous les
drapeaux. L'essentiel était que les deux pays re-
connussent la validité de l'option, dans quelque
sens qu'elle se fût produite, dès l'instant qu'elle
faisait acquérir ou conserver soit la nationalité
française, soit la nationalité belge. L'article 3
contient cette disposition capitale. Il stipule que
l'intéressé ne sera inscrit que sur les listes du
pays qu'il a accepté, soit formellement, soit taci-

tement. Il ne sera pas astreint au service militaire dans l'autre.

c) Il ne sera astreint qu'aux obligations de son âge.

Il en résulte, comme le constataient M. Maxime Lecomte dans son rapport au Sénat et M. A. Dubost dans son rapport à la Chambre (1), que s'il use de toute l'étendue du délai qui lui est accordé, ce jeune homme pourra ne devoir faire en France qu'un an de service dans l'armée active.

Cette déduction n'est que la conséquence d'un principe qui fut toujours admis dans notre droit, chaque fois qu'on jugea utile d'ajourner l'appel des jeunes gens auxquels on reconnaissait une faculté d'option.

Elle contribuera, par ailleurs, à faire accepter plus facilement notre nationalité par des jeunes gens que notre législation militaire pourrait en éloigner. Il faut se rappeler, en effet, que la Belgique réclame de ses enfants des obligations militaires, relativement peu lourdes, avec le système des bons numéros et du remplacement.

Après cette vue d'ensemble, il convient d'entrer dans quelques détails.

Nous parcourrons successivement les différentes situations visées dans la convention. Nous nous

____

(1) *Archives diplomatiques*, 1892, t. XLI, p. 11 et p. 14.

demanderons ensuite quelle en est la portée exacte : si elle n'est que purement militaire comme semble l'indiquer son titre ; ou bien, si elle règle des questions de nationalité.

I

Comme le faisait remarquer le gouvernement belge, dans son exposé des motifs, en soumettant à l'approbation des Chambres le texte de la convention, celle-ci ne résout pas toutes les difficultés auxquelles peut donner lieu l'opposition des lois françaises et belges.

On peut immédiatement citer les cas du fils de l'ex-Français ou de l'ex-Belge qui aurait acquis la nationalité qu'avait autrefrois son père, du Français majeur qui, encore tenu aux obligations militaires de l'armée active, aurait acquis par naturalisation la nationalité belge. D'autre part, la loi française du 22 juillet 1893, en modifiant l'article 8, 3°, du Code civil, a créé des cas nouveaux de répudiation de la nationalité française.

Nous rangerons en cinq groupes les situations diverses que la convention a réglementées.

A. Un premier groupe comprend : 1°) les individus pouvant décliner la qualité de Français aux termes de l'article 8, § 4, 12, § 3 et 18 du Code civil français. Ils ne sont pas inscrits, dit expressément la convention, ni en France (article 2, 3°), ni en Belgique (article 1, 1° et 3°), avant 22 ans accomplis.

Constatons tout de suite que les fils nés en France d'un étranger qui lui-même y est né lorsqu'ils jouissent en France du droit de répudier notre nationalité (art. 8, 3° C. civ. modif., loi du 22 juillet 1893), ne peuvent pas se dire visés dans l'article 2, 3°, de la convention, sous prétexte que s'y trouvent visés les individus pouvant décliner la nationalité française, conformément à l'article 8, § 4, C. civ. Les H. P. C. ont voulu désigner par là l'enfant domicilié à 21 ans en France où il est né d'un étranger qui n'y est pas né lui-même, et non pas tous ceux qui ont la faculté de répudier. Ce qui le prouve, c'est l'indication des articles 12, § 3 et 18, C. civ. qui suit immédiatement et qui eût été bien inutile.

2°) Les individus pouvant devenir Français aux termes de l'article 9, § 1 du Code civil français. Ils ne seront pas inscrits avant 22 ans en Belgique. La convention ne dit rien de leur inscription en France. M. Anspach-Puissant (1) a expliqué ce silence en faisant remarquer que le fils né en France d'un étranger s'il est visé par

____

(1) *Archives diplomatiques, loc. cit* p. 23.

l'article 9, § 1 du Code civil français, n'est pas Français, tant qu'il n'a pas passé de déclaration : qu'en conséquence, il n'y avait pas lieu d'obliger les autorités françaises à retarder jusqu'à 22 ans son inscription, puisque la loi française, elle-même, le faisait déjà.

Pour ceux qui tiennent compte de l'exacte pensée de la loi militaire, dans l'article 11, il y a là une erreur. Nous avons vu qu'il fallait, en droit commun, mettre en demeure de tirer au sort, lors de la formation de la classe qui interviendrait pendant qu'il est encore dans les délais pour faire sa déclaration, l'individu apte à devenir Français par ce moyen et qui résiderait à ce moment en France.

Il faudra, néanmoins, décider, chaque fois qu'il s'agira d'un fils de Belge, que le droit commun disparaît et fait place au droit de la convention, lequel n'autorise pas l'inscription avant 22 ans accomplis. Du moins c'est ce qu'ont voulu les H. P. C. L'explication même de M. Anspach-Puissant en est la preuve. Elle passa en France comme exacte. D'autant plus que la situation de l'article 9 du Code civil avait été visée déjà dans la convention de 1879 et qu'il importait, en 1891, de prévenir le retour d'affaires semblables à l'affaire Carlier, soit que le fils d'étranger voulût par déclaration devenir Français, soit qu'il voulût devenir Belge ;

3°) Les individus pouvant devenir Belges par la déclaration de l'article 9 du Code civil belge, soit à raison de leur naissance en Belgique d'un père Français, soit à raison de la naturalisation que leur père y aurait obtenue pendant leur minorité. Ils ne doivent pas être inscrits en France avant 22 ans accomplis (article 2, 1° et 2°). M. Anspach-Puissant a également expliqué que ces individus ne pouvaient être inscrits en Belgique avant 22 ans, bien que la convention ne le dise pas (1).

En résumé, tous les individus appartenant par leur situation à ce premier groupe, ne sont inscrits d'office sur les listes de recensement militaire que s'ils ont 22 ans accomplis. Si on les inscrivait plus tôt, ils devraient être rayés sur la preuve qu'ils appartiennent à l'une des trois catégories que nous venons d'énumérer.

On a jadis professé sur ce point, au ministère de la guerre, une étonnante théorie.

Les jeunes gens visés par l'article 2, 1° et 2° de la convention étaient inscrits après leur 20e année ; ceux de l'article 2, 3°, sur la simple justification de leur extranéité, ne l'étaient qu'après leur 21° année. Si, à ce moment, ils se prévalaient les uns et les autres de la convention franco-belge, et protestaient contre leur inscription faite avant qu'ils

____

(1) *Archives diplomatiques, loc. cit.* p. 23.

aient atteint 22 ans accomplis, on exigeait d'eux, pour reconnaître le bien-fondé de leur prétention, la production :

1° D'une déclaration *sur papier libre*, manifestant leur intention ou de se prévaloir de la loi belge ou de répudier la nationalité française, suivant qu'il s'agissait d'un jeune homme se disant dans la situation de l'article 2, 1° et 2°, ou de l'article 2, 3° de la convention.

2° De certaines pièces annexes et notamment pour les individus de l'article 2, 3°, la production d'un certificat constatant qu'ils avaient répondu en Belgique à l'appel sous les drapeaux (1).

Manifestement, cette façon parcimonieuse de mesurer le bénéfice de la convention en était la violation formelle. Que signifiait cette déclaration d'intention qu'on exigeait ? L'administration de la guerre lui donnait-elle pour effet de fixer définitivement la nationalité étrangère du déclarant, qui devenait dès lors Belge aux yeux de la loi française ? Mais alors, la circulaire ministérielle dérogeait d'abord au décret du 13 août 1889 qui exige pour les individus pouvant répudier notre nationalité par la déclaration de l'article 8, 4° C. civ., une déclaration sur papier timbré et faite devant le juge de paix. Elle violait, depuis la loi du

(1) Circul. du min. de la guerre du 9 décembre 1892. *B. Off.* p. supp. 1892, p. 213.

22 juillet 1893, l'article 9 du Code civil, lequel exige pour que les déclarations de répudiation aient effet en France qu'elles soient enregistrées au ministère de la justice.

Elle violait les engagements pris avec la Belgique. Pour le démontrer restons en présence des jeunes gens pouvant de 21 à 22 ans accomplis répudier la nationalité française (articles 8, § 4, 12, § 3, et 18 du Code civil). Ils ont en somme et vis-à-vis de la loi française le droit de choisir leur nationalité, et ce, pendant une année pleine et entière, d'après le Code civil. Ils doivent, assurément, accomplir certaines formalités, fournir certaines justifications s'ils veulent revendiquer la nationalité belge; mais leur option, aux termes du Code civil tout au moins, ne doit être un fait accompli qu'à l'expiration de leur 22ᵉ année. Jusqu'à la dernière heure qui précèdera l'échéance de leur 22ᵉ année, nul ne peut les forcer à prendre parti.

Ils sont encore dans le délai d'option, et c'est de ce droit au délai qu'ils peuvent se prévaloir pour se refuser à se prononcer.

Il y a là en fin d'analyse un droit tout à fait distinct et bien différent du droit de répudiation pris en lui-même. Exercer celui-ci, c'est à la vérité exercer celui-là.

En choisissant sa nationalité, on consomme, si

l'on peut dire, le droit au choix que donnait la loi, on l'éteint par une sorte d'*abusus*. La réciproque n'est pas vraie : en affirmant que notre droit au choix d'une nationalité dure encore, nous ne faisons pas encore ce choix.

C'est ce droit au choix que la Belgique respectait en s'abstenant de rien faire qui pût le gêner, c'est-à-dire, en reportant jusqu'après l'accomplissement de leur 22e année l'appel de nos jeunes gens sous les drapeaux. C'est assez dire qu'il était convenu, par contre, que la France le leur laisserait de son côté, pendant ce même délai, et non pas jusqu'à la formation de la classe qui suivrait leur majorité (arg. art. 2 de la conv.).

L'article 11 de la loi militaire est écarté. C'est ainsi qu'il faut, en ce qui concerne nos jeunes gens, caractériser l'effet de la convention. Ils auront droit à un délai d'un an. L'exposé des motifs présenté par le gouvernement français et les rapports présentés aux Chambres françaises ne peuvent laisser aucun doute sur ce point : telle est bien la lettre, tel est aussi l'esprit de la convention.

Comment comprendre que l'administration de la guerre puisse n'admettre au bénéfice de la convention que des individus ayant définitivement opté pour la nationalité belge ? Il y a là un non-sens.

On serait tenté, pour épargner ce reproche aux rédacteurs de la circulaire en question, de ne voir, dans la déclaration d'intention qu'ils exigeaient, qu'une simple formalité pour ordre, imaginée dans le but de faire prendre par l'intéressé une position nette vis-à-vis de l'autorité militaire, une formalité, faisant connaître à cette dernière qu'il n'entend pas renoncer au bénéfice du délai que lui reconnaissent les deux pays, mais ne le liant en rien quant au choix qu'il devrait être considéré comme n'ayant pas encore exercé. Cette déclaration serait alors ce qu'est l'avertissement au préfet que la circulaire ministérielle du 18 novembre 1881 met à la charge de quiconque ayant atteint 20 ans, veut se réserver le bénéfice de la convention franco-suisse (1).

Cette explication peut à la rigueur être admise pour les individus de l'article 2, 1° et 2° de la convention. On n'exige d'eux que des justifications qu'à tout prendre ils peuvent fournir sans avoir réclamé en Belgique la qualité de Belge.

Il n'en est pas de même des jeunes gens de l'article 2, 3° de la convention. On exige qu'ils fournissent (2) : 1° un certificat constatant qu'ils ont

(1) V. Exposé des motifs du gouv. français en tête du projet de loi portant approbation de la convention. *Archives diplom.* 1892, t. XLI, p. 11.

(2) Circulaires : du ministre de la guerre, du 9 décembre 1892, du préfet du Nord, du 20 décembre 1892, collection des actes de la préfecture du Nord, 1892, p. 506, — du 6 octobre 1894, *ibid.* 1894, p. 305.

conservé la nationalité de leurs parents, aux yeux de la loi belge.

2° Un certificat constatant qu'ils ont répondu à l'appel sous les drapeaux en Belgique.

Or, l'individu de l'article 2, 3° de la convention qui seul pourra fournir en France ces deux attestations sera celui qui déjà aura opté définitivement pour la Belgique. Il ne faut pas oublier, en effet, qu'il n'aura été inscrit avant 22 ans en Belgique que sur sa demande, son inscription d'office étant retardée, aux termes de l'article 1 n°ˢ 1 et 3 de la convention.

Cet individu n'aura plus guère aucune velléité de rester Français. Ce n'est pas probable du moins.

Celui qui entend conserver jusqu'au bout le droit de choisir sa nationalité, se gardera bien de prendre du service militaire en Belgique, puisqu'il n'est pas encore décidé à redevenir Belge, puisque, s'il ne le redevenait pas, il devrait de nouveau être soldat en France. Il lui est, en effet, si simple de s'abstenir ! en présence de l'article 3 de la convention, qui le dégagera de tout service dans le pays auquel il n'aura pas voulu appartenir.

S'il a, au contraire, obéi en Belgique à la loi militaire, alors qu'il n'y était pas forcé, il voudra en France une dispense totale et immédiate du service militaire, et non pas un simple ajournement.

Il s'empressera de réclamer le bénéfice de la nationalité belge à laquelle il se sera définitivement rattaché, et non pas le bénéfice de la convention.

De fait, on lui réclame l'attestation des autorités belges constatant qu'il est considéré comme Belge en Belgique !

Cette attestation, le gouvernement belge se refuse à la donner *de plano* par le seul fait que l'intéressé est fils d'un père Belge. Elle n'est pas, en effet, une attestation établissant que l'individu est Belge par son origine.

En consentant à la convention, la Belgique s'est interdit de considérer *de plano* comme ses nationaux définitifs les jeunes gens visés dans les articles 1, 2 et 3. Pour les considérer comme tels, il faut, désormais, qu'elle puisse mettre en avant l'option de l'intéressé lui-même en faveur de la nationalité belge. Le certificat exigé par l'autorité militaire française, la Belgique ne peut donc le délivrer aux jeunes gens visés par l'art. 2, 3°, de la convention, sans qu'il ait cette signification importante que l'intéressé n'a plus voulu être Français. Et c'est cet individu, fournissant des pièces qui attestent sa volonté manifeste d'appartenir définitivement à la Belgique, qui seul pourrait bénéficier de la convention ? C'est dire que les négociateurs de 1891 ont retardé jusqu'à 22 ans l'inscription d'un jeune homme en France, mais à condition qu'il ait, au préalable, donné le droit aux autorités belges de le considérer comme leur national sans avoir à s'inquiéter des lois françaises !... Étrange façon de régler par convention le conflit des lois.

On confondit le droit de répudiation avec le droit au délai de répudiation. De là provint tout le mal. On revint à la vérité juridique en 1895 (1). Le ministre de la guerre prescrivit de veiller « à ce « qu'aucun homme justifiant se trouver dans l'une « de ces trois catégories (article 2 de la conven- « tion) ne soit inscrit d'office avant l'âge de 22 ans. « accomplis.

« La justification de ce fait est, d'ailleurs, la seule « qu'on soit en droit d'exiger de ces hommes tant « qu'ils sont dans les délais d'option, c'est-à-dire « tant qu'ils n'ont pas 22 ans accomplis. S'ils ont « été inscrits prématurément, ils devront, sur le « vu de cette justification, être rayés des tableaux, « soit par les maires, soit par les sous-préfets. « Bien qu'inscrits deux ans plus tard, ils marchent « avec leur classe d'âge..... »

Il est donc entendu actuellement que si l'inscription est faite d'office avant 22 ans, l'intéressé peut réclamer, et doit être rayé sur la preuve qu'il jouit d'un droit d'option, soit en France, en

____

(1) Circulaire dn ministre de la guerre du 4 décembre 1895, Clunet, 1896, p. 458.

vertu de l'article 8, 4°, 12, § 3 ou 18 du Code civil français, soit en Belgique, en vertu de l'article 9 du Code civil belge ou en vertu de l'article 4, § 1, de la loi belge du 6 août 1881.

Cette preuve résultera des pièces nécessaires pour établir le fait de la naissance de l'intéressé ou celui de la naturalisation de son père en Belgique ou en France. Dans les deux cas, il prouvera que la nationalité française ou belge appartient ou a appartenu à son père.

Dès la première classe qui sera formée après sa 22ᵉ année, il sera inscrit sur les tableaux de recensement. Cette fois, pour être rayé, il devra établir qu'il a acquis ou conservé la nationalité étrangère (1).

Ce qui est retardé, c'est l'inscription d'office des intéressés. On veut respecter leur droit au délai d'option. Rien ne les empêche cependant d'y renoncer en optant immédiatement. Ralliés dès lors définitivement à la nationalité française, ils

(1) Nous croyons savoir que l'interprétation que la circulaire ministérielle du 4 décembre 1895 a condamnée n'avait pas été sans susciter de la part des intéressés fixés dans le département du Nord de vives réclamations. La question fut même portée par le ministre de la guerre au Conseil d'Etat. A la suite de l'arrêt du 8 août 1896, aff. Castryck (Clunet 1897, p.584), l'administration s'occupa de réparer les conséquences de l'erreur qu'elle avait commise. Voir à ce sujet les circulaires du 12 octobre et du 17 novembre 1896 dans Saumur, p. 600 et s.

devront concourir aux plus prochaines opérations du recrutement.

Cette option résultera soit d'une renonciation à la faculté de répudiation s'ils sont dans le cas de l'article 8, § 4, 12 § 3 ou 18 du Code civil français (article 11 du décret du 1er août 1889), soit de la déclaration qu'ils auront faite en minorité conformément à l'article 9, § 10, du Code civil français.

L'acquisition définitive de la nationalité française pourra être faite dès leur minorité (article 3 convention) qu'il s'agisse de l'enfant né d'un Belge naturalisé ou réintégré Français, ou de l'enfant né en France d'un Belge.

Elle ne résultera jamais cependant de la participation à l'âge normal aux opérations de recrutement, telle est du moins la pensée des autorités militaires françaises. Elles exigent, par surcroît de précaution, selon nous, étant donné l'article 11 de loi militaire et l'article 9 § final du Code civil français, une renonciation expresse à la faculté de répudier la nationalité française (1).

S'ils sont dans les deux cas prévus par le 1° et le 2° de l'article 2 de la convention, c'est-à-dire s'ils sont Français d'origine mais peuvent devenir Belges, à raison de leur naissance ou de la naturalisation paternelle en Belgique, ils peuvent,

____

(1) Circulaire du ministre de la guerre, du 4 décembre 1895.

sur une simple demande écrite, se rattacher définitivement à la nationalité française et légitimer
leur incorporation par la loi française.

La circulaire ministérielle du 29 novembre
1896 (1) s'exprime ainsi :

« Les individus visés par la convention franco-
« belge peuvent, sans attendre le recensement de
« la première classe formée après leurs 22 ans ac-
« complis, se faire inscrire sur les tableaux de
« recensement de leur classe d'âge. A cet effet, ils
« déposeront à la mairie une demande écrite et
« signée par eux.

« Ils seront prévenus que le fait de concourir
« ainsi à la formation de leur classe d'âge les as-
« treint à toutes les obligations de cette classe,
« c'est-à-dire à trois ans, au lieu d'un an qu'ils
« auraient eu à accomplir s'ils avaient attendu les
« opérations de la première classe formée après
« leurs 22 ans accomplis... »

Ce passage ne peut viser que les individus dont
il est question au 1° et au 2° de l'article 2 de la
convention. Ces jeunes gens sont Français jusqu'à
leur naturalisation par déclaration en Belgique.
On comprend qu'il leur suffise d'une simple demande, pour renoncer au bénéfice de l'ajournement
que leur vaut en France leur vocation à la natio-

(2) Saumur, 600.

nalité belge. Le passage que nous citons ne permet même pas de douter qu'ils le peuvent en minorité (1).

B. — Un deuxième groupe comprend les individus nés en France de parents belges qui eux-mêmes y sont nés.

Ils ne seront pas appelés au service militaire en Belgique.

Cette formule comprend, aussi bien que l'appel lors de la conscription, les appels ultérieurs pour des périodes dans les réserves, et l'appel lors d'une mobilisation. Mais il reste permis aux intéressés qui le demandent d'accomplir en Belgique leurs devoirs de citoyen. Ils continuent en effet à rester Belges pour la loi belge.

Qui peut se prévaloir de l'article 4 ? La question se résout d'elle-même, en ce qui concerne l'enfant légitime dont le père est né en France ou l'enfant naturel dont l'auteur né en France est celui qui lui donne la nationalité belge *jure sanguinis*.

Elle est assez délicate en ce qui touche l'enfant légitime ou naturel dont c'est l'auteur qui ne lui

----

(1) Telle est la véritable théorie de l'administration militaire. Il faut se défier de l'obscurité qui règne parfois dans certaines instructions préfectorales, notamment dans celle toute récente du 20 novembre 1897, insérée au recueil des actes admistratifs, de la préfecture du Nord, p. 417.

donne pas, *jure sanguinis*, sa nationalité, qui est né en France. L'affirmative paraît devoir être admise sans difficulté par MM. Le Sueur et Dreyfus qui font d'ailleurs erreur, en affirmant que par l'article 4 de la convention, la Belgique renonce à considérer comme ses nationaux les enfants nés en France de parents Belges qui euxmêmes y sont nés (1).

Il nous semble, quant à nous, que cette solution est d'autant plus inacceptable que l'administration française se refusait encore, au 30 juillet 1891, à appliquer l'art. 8, 3°, C. civ., au cas qui nous occupe (2).

On ne peut donc prétendre que les H. P. C. aient voulu, dans l'article 4, désigner les individus dont il s'agit.

Il en résulte, en fait, que ces individus pourront toujours réclamer en Belgique ou en France contre toute inscription d'office faite avant 22 ans. Il leur suffira de se présenter comme nés en France et aptes, par conséquent, à réclamer le bénéfice des articles 8, § 4 ou 9 du Code civil français. C'est, en effet, la situation que les négociateurs leur ont cru faite par notre loi du 26 juin 1889.

C. — Un troisième groupe comprend tous les

(1) Article dans Clunet, 1892, p. 90.
(2) V. *supra*, p. 43 et s.

individus qui, dans le passé, ont accompli le service militaire dans l'un des deux pays. Ils sont dégagés du service militaire dans l'autre. Pour le commentaire de l'article 8 de la convention, laissons la parole à M. Anspach-Puissant. Dans son rapport à la Chambre des représentants de Belgique (1), il s'exprime ainsi, et très justement, à propos de ce texte : « Les termes généraux de cette « disposition transitoire, qui sera d'une utilité in- « discutable et pourra porter remède à un nombre « incalculable d'injustices nées dans le passé de la « contrariété des deux législations, pourraient « faire croire qu'il suffit d'avoir presté le service « militaire dans l'un des pays pour être définitive- « ment dégagé dans l'autre ; un Belge, par « exemple, qui serait engagé dans la légion étran- « gère en France ; — un Français qui, résidant en « Belgique, aurait préféré les obligations que lui « impose l'article 7 sur la milice à celles du ser- « vice militaire français, seraient-ils dégagés dans « leur pays d'origine ?

« Votre commission spéciale ne saurait inter- « préter ainsi cette disposition. Elle doit se com- « prendre *pro subjecta materia*, et, d'ailleurs, le « texte même de l'article 8, en portant qu'il dis- « pose pour les individus qui ont satisfait à la loi

(1) *Archives diplomatiques*, 1892, t. XLI, p. 23.

« militaire dans l'un des deux pays « avant la mise
« en vigueur de la présente convention » indi-
« que bien qu'il ne s'agit que de ceux qui eussent
« bénéficié de la convention si elle avait plus tôt
« été mise en vigueur.

« Quelle raison sans cela de distinguer entre la
« période antérieure et la période postérieure à la
« mise en vigueur de la convention ?

« La Chambre estimera donc qu'il ne s'agit ici
« que des individus qui rentrent dans les cas
« prévus aux articles 1, 2, 4 et 5 de la convention. »

D. — Dans un quatrième groupe, on peut ranger
les enfants d'agents diplomatiques ou de consuls
envoyés (1). Ils conservent la nationalité de leurs
parents à moins qu'ils ne réclament le bénéfice
des lois du pays où ils sont nés.

L'art. 5 s'adresse aux enfants nés en France
d'un auteur qui n'y est pas né.

Il comprend aussi les enfants nés en France d'un
auteur qui lui-même y est né.

Quelle est leur situation ? Ils ne seront jamais
Français de plein droit, par conséquent ni en nais-
sant (article 8, 3°) ni à 21 ans (article 8, 4°, C. civ.
français).

Ils ne le seront que sur leur demande. Encore

____

(1) C'est-à-dire de carrière.

ne suffira-t-il pas d'une option tacite, résultant de l'acceptation du service militaire (art. 9, § final C. civ). Il faudra dans tous les cas une option ou demande formelle (arg. du mot *réclamer* de l'article 5 de la convention) (1).

E. — Cinquième groupe. La loi belge du 3 juin 1870 sur la milice permet, dans son article 7, d'incorporer tous ceux qui résident en Belgique et ne peuvent prouver qu'ils sont d'une nationalité déterminée. Cette règle a quelquefois atteint le Français. Pour y échapper à l'avenir il prouvera qu'il est Français en produisant un certificat de nos agents diplomatiques qui lui auront reconnu cette nationalité. On pousse ainsi à l'immatriculation des Français résidant en Belgique. Leurs fils échapperont d'autant plus difficilement à la loi militaire française.

II

La rubrique sous laquelle s'annonce la convention et le préambule qui la précède sembleraient faire croire que sa seule portée soit de régler des questions de service militaire.

(1) Cf. exposé des motifs présenté par le gouv. français. *Arch. diplom.* 1892, t. XLI, p. 10.

Cette conclusion ne serait pas exacte si elle était générale.

Les articles 3 et 5 notamment traitent, sans aucun doute possible, des questions de nationalité. On l'a reconnu dans les deux pays.

Ce n'est qu'à propos de l'article 4 de la convention qu'éclate la divergence (1). La Belgique ne veut pas s'engager à les regarder comme étrangers (2). Elle se refuse cependant à les appeler au service militaire.

Les individus dont s'occupe l'article 8 de la convention ne peuvent pas davantage être inquiétés au point de vue du service militaire dans un des deux pays, s'ils ont été soldats dans l'autre. Mais sont-ils considérés par les deux lois, et en vertu même de la convention, comme nationaux de ce dernier pays ? C'est une première question à laquelle il vaut la peine de répondre. Si elle importe peu, quant aux obligations militaires de notre individu en personne, elle est du plus haut intérêt quant aux obligations militaires qui incomberont plus tard à ses descendants. Nous examinerons ensuite quelle sera la situation de ces descendants au point de vue du service militaire, soit que leur auteur appartienne à la catégorie visée par l'arti-

(1) Cf. Lainé, *loc. cit.* p. 38 et s.
(2) Anspach-Puissant, *loc. cit.* p. 22.

cle 4, soit qu'il appartienne à celle de l'article 8.

I. — Nous estimons que la question de nationalité n'est pas vidée pour les individus dont il est question dans ces deux derniers textes. Ils continuent, en principe, à être revendiqués à la fois par la France et par la Belgique (1).

C'est bien évident :

1° Pour ceux qui sont devenus Français sous le régime des lois de 1851, de 1874 ou même de 1889, comme étant nés en France de parents eux-mêmes nés en France. La Belgique continue à les regarder comme ses nationaux.

2° De même pour tous ceux qui, appartenant par la filiation à l'une des deux nations, ont acquis l'autre nationalité, en vertu de textes français ou belges, non visés par la convention (article 10 des Codes français ou belge, par exemple).

3° Quant à ceux qui, appartenant à un pays *jure sanguinis*, se sont rattachés à l'autre en usant des textes visés par la convention, il ne semble pas, si l'on s'en tient aux principes, que cette option antérieure à la convention de 1891 puisse être réglée dans ses effets par cette même convention.

On s'est attaché du côté français, dit l'exposé des

(1) Il y a lieu de tenir compte de la perte de l'esprit de retour qui entraîne pour la Belgique et entraînait pour la loi française avant 1889, la perte de la nationalité.

motifs présenté par le gouvernement aux Chambres françaises en 1891, à ne pas porter atteinte aux principes généraux de notre *nouvelle* législation sur la nationalité. Conformément à ces principes, et depuis 1889, la naturalisation obtenue par le bienfait de la loi, sur demande, fait perdre la nationalité française pour ceux qui ne sont plus soumis aux obligations militaires dans l'armée active. Ou s'ils y sont soumis, ils la perdent à une condition de plus : qu'ils obtiennent l'autorisation du gouvernement. A la vérité, les options faites en Belgique sont des naturalisations par le bienfait de la loi sur demande. Parmi elles, les unes, celles faites depuis 1891, peuvent et doivent être considérées comme autorisées en tant que debesoin par le gouvernement français, en vertu même de notre convention.

Mais celles faites avant la convention et depuis 1889 ne peuvent pas bénéficier de cette autorisation générale puisqu'elle leur est postérieure. Si l'intéressé, étant dans l'armée active en France, n'a pas obtenu l'autorisation du gouvernement (art. 17, 1° C. civ.), cette naturalisation n'a pas enlevé à l'auteur de la déclaration passée en Belgique sa qualité de Français.

A plus forte raison, celles qui ont été faites avant la loi de 1889, sous l'empire de l'ancien article 17, sont-elles restées inopérantes à cet égard, du moins étant donné la jurisprudence d'alors.

II. — Si leur père est Français en France, Belge en Belgique, les enfants ont eux aussi *jure sanguinis* une double nationalité.

Cependant, ils seront nés en France ou en Belgique. Aux yeux de la France, s'ils sont nés en France, ils ne pourront se réclamer de la convention, car ils ne sont dans aucun cas prévu par elle. Mais ils le pourront aux yeux de la Belgique, ils se réclameront de l'article 1 n° 1 ou 2. Ils peuvent donc échapper au service militaire en double, s'ils obéissent à la loi française. A vrai dire, ce n'est pas une solution, puisqu'elle ne respecte pas la liberté de l'intéressé. Le conflit existera donc, mais il n'est pas sans issue.

S'ils sont nés en Belgique, c'est l'inverse qui est vrai.

L'article 7 prend certaines précautions pour éviter que certains individus puissent échapper au service militaire en France et en Belgique. Ces individus, dont le nombre allait grandissant d'année en année, furent autrefois la plaie de nos départements du Nord. C'est contre eux que les représentants de ces départements ne cessèrent de réclamer plus de sévérité dans la loi. L'article 8, § 4, réclamait des individus qui veulent répudier la qualité de Français, le certificat militaire que nous connaissons. Il contribuait ainsi, depuis 1889, à empêcher cette situation scandaleuse. En exigeant de la Belgique qu'elle suspende jusqu'à 22 ans l'inscription des jeunes gens qui peuvent répudier aux termes de cet article, la convention autorisait ces jeunes gens à reculer jusqu'à 22 ans le moment où ils entreraient au service de ce pays. Elle devait donc les autoriser à rester Belges, pour la loi française, sans qu'ils fournissent le certificat qu'exige cette loi dans l'article 8, 4°, du Code civil.

Il faut décider qu'en fait, elle l'a fait. Les jeunes gens qui ont la faculté de répudier la nationalité française dans l'année de leur majorité, échappent donc aux conditions rigoureuses exigées par l'article 8, 4° C. civ. La convention franco-belge est précisément un de ces traités que le législateur prévoyait dès 1889 et qui peuvent organiser un régime spécial quant à la répudiation notamment de l'article 8, 4°, C. civ. (1).

C'est bien dans l'esprit des négociateurs.

M. Anspach-Puissant nous explique dans son rapport (1) qu'il n'a pas été nécessaire d'interdire à la Belgique, comme on l'interdisait à la France dans l'art. 2, 1° et 2°, de porter sur ses listes de recrutement avant 22 ans le Français d'origine qui peut devenir Belge par déclaration.

(1) En ce sens. Le Sueur et Dreyfus, p. 151. Aubry et Rau, p. 368, note 27. Cf. Discours de M. Parîs au Sénat, séances des 3 et 7 février 1887.

(2) *loc. cif.* page 23.

Cette interdiction eût été inutile.

En effet, fait-il remarquer, ces jeunes gens sont Français tant qu'ils n'ont pas en Belgique passé la déclaration dont s'agit. Ils ne peuvent donc être inscrits en Belgique que s'ils n'ont pas obéi à la loi militaire française et en vertu alors de l'art. 7 de la loi sur la milice du 3 juin 1870. Mais, même dans ce cas, ils ne pourront être inscrits en Belgique que *dans l'année qui suit celle dans laquelle ils devaient satisfaire aux obligations en France.*

Or, dit-il, cette obligation ne les atteint, en vertu même de notre convention (article 2, 1° et 2°), qu'à 22 ans accomplis, la Belgique ne peut donc les considérer comme des réfractaires en France et les inscrire à ce titre aussi longtemps qu'ils n'ont pas atteint 22 ans accomplis.

De cette explication, nous retenons une chose. En Belgique, d'une part, l'individu dont il est question est atteint par l'article 7 de la loi sur la milice, s'il ne prouve pas avoir obéi en France à l'appel sous les drapeaux. D'autre part, cet individu peut très certainement, sur sa demande, être inscrit en France avant 22 ans. La Belgique ne le force pas cependant à rapporter cette preuve avant cet âge. Tant qu'il n'a pas 22 ans, dit-on en Belgique, il n'est pas encore soumis à l'obligation du service militaire, à raison précisément de la convention.

Si tel est l'effet de la convention pour le Français d'origine qui peut devenir Belge, comment ne serait-il pas le même pour le Belge d'origine que visent nos articles 8, § 4, 12, § 8 et 18 Code civil ? La France ne peut pas soutenir que ces individus sont tenus en Belgique, et avant 22 ans, à la loi militaire. C'est, au contraire, pour les affranchir jusqu'à cet âge que la convention a été rédigée. Comment dès lors exigerait-elle pour la validité de la répudiation un certificat constatant qu'ils ont répondu à un appel sous les drapeaux qui n'existait pas encore ?

Elle ne le peut.

Aussi, l'article 7, alinéa 1, s'imposait-il, si on ne voulait pas qu'à la faveur de la convention le mal chronique dont souffraient nos populations frontières ne s'étendît de nouveau et plus facilement que jamais. Les individus qui, en France, auront répudié la nationalité française, seront signalés aux autorités belges qui les inscriront en Belgique.

Ceux qui, au contraire, auront passé en France une déclaration de nationalité seront signalés en Belgique pour que les autorités belges ne les portent sur les listes du recrutement.

La Belgique signalera à la France les jeunes gens devenus Belges par déclaration. Elle n'aura pas à signaler des individus ayant répudié la nationalité belge puisque la loi belge ne connaît pas la répudiation de nationalité.

On voit immédiatement comment nous entendons l'article 7, alinéa 1. Pour nous, il n'y est question que des individus *ayant passé* un acte (déclaration ou répudiation) prévu par la convention. Il ne faut pas qu'ils continuent à être appelés en fait des deux côtés de la frontière.

Il ne faut pas non plus qu'ils puissent n'être appelés ni en France, ni en Belgique. Cette dernière préoccupation a fait insérer dans l'article 7 un alinéa 2. Cet alinéa est utile pour forcer au service militaire en Belgique les individus qui, nés en France d'un Belge, n'ont cependant pas été atteints à leur majorité par l'article 8, 4° du Code civil français. Ils étaient, par exemple, domiciliés à l'étranger et ailleurs qu'en Belgique. Venus en France après leur majorité, au cours de leur vingt-deuxième année, et portés sur nos tableaux de recensement en conformité de l'article 11, de la loi militaire, ils ont excipé de leur nationalité belge. Ce n'est pas là une déclaration, ni une répudiation de nationalité. Ils ne tombent pas sous le coup de l'alinéa 1. On a dû cependant les rayer. Par application de l'alinéa 2, ils seront dans le plus bref délai signalés à l'autorité belge, qui prendra les mesures nécessaires.

Il en sera de même de celui qui, porté en Belgique sur les listes de recrutement, excipera de sa qualité de Français, qu'il soit ou non né en Belgique. L'autorité française sera avertie.

Vu :

Le Président de la thèse,

LAINÉ.

Vu :

Le Doyen.

GARSONNET.

Vu et permis d'imprimer :

Le Vice-Recteur de l'Académie de Paris.

GRÉARD.

TABLE DES MATIÈRES

DEUXIÈME PARTIE

TROISIÈME PARTIE

ST-AMAND, CHER. — IMPRIMERIE SCIENTIFIQUE ET LITTÉRAIRE, BUSSIÈRE FRÈRES.